税理士の相続業務を成功に導く

士業連携をめぐる7つの知恵

税理士 藤原 由親 著
Fujiwara Yoshichika

清文社

はじめに

筆者は、相続・事業承継を専門とする税理士です。

これまで10年以上にわたり、相続分野を専門に業務を行ってきました。現在も、相続業務のみで税理士法人アクセスの相続事業部を運営しています。その中で、相続に関する様々な専門家の皆さんと連携し、良好な関係を保ちながら、実務に対応してきました。

相続業務に取り組むにあたっては、他士業をはじめ、相続に関する専門家との協業が不可欠です。なぜなら、一口に相続業務といっても、クライアントからの相談内容は様々だからです。相続税・贈与税に関する相談はもちろんのこと、遺言や後見、信託に関するものや不動産の名義変更に関するものまで多岐にわたります。当然ながら税理士のみでは対応することはできません。クライアントの要望に応えるには、他士業の先生方と連携する必要があります。実は当初、他士業の先生方との連携にあたり戸惑うことがありました。それは、実際に協業を依頼するにあたり、「この案件は本来どの士業の専門分野だろう？」という疑問があったからです。

私たち税理士は、税務の専門家として比較的業務の線引きが明確です。しかし、相続業務に関係する他士業として挙げられる弁護士・司法書士・行政書士・土地家屋調査士は、その業務の線引きが入り組んでいるように感じられ、率直に「どうしてこのようなわかりにくい状況になっているのだろう？」と思っていました。ただ、他士業の相続業務についての理解なくして本当の意味での協業はできません。私は、自分なりに各士業法や各士業の歴史、業際問題に関する判例などを研究し、実務を踏まえながら他士業の相続業務についての理解を深めるように努めました。その結果、現在ではより良好な関係の中で相続業務について協業し、実務に対応できるようになっています。

折しも、税理士業界において相続分野は数少ない成長分野の一つと目されています。本格的に相続業務に取り組んでいく税理士事務所も増えていくでしょう。そして、一般的な税理士事務所が相続業務を事業として成り立たせるためには、現実的に他士業との協業が不可欠だというのが、この10年余りでの筆者の結論です。

そこで、他士業と相続業務を協業するにあたって知っておかなければならない知識をまとめた書籍があれば、税理士の先生方に限らず、他士業の先生方のお役にも立つのではないかと考えたのが本書を執筆したきっかけです。

本書は、相続業務において士業連携をするために必要な知識として、関係する各士業法や各士業の歴史、業際問題に関する判例などの解説をはじめ、実際に連携する業務の内容や協業パターン、税理士事務所の事業としての相続業務への取り組み方など、現時点で筆者が経験したことや知りうることのすべてを記載しています。

本書が相続業務に取り組む税理士の先生方、また、士業連携する他士業の先生方のお役に立てば本当にうれしく思います。

最後になりますが、本書の執筆にあたっては、いつも協業していただいている数多くの弁護士・司法書士・行政書士・土地家屋調査士の先生方のご意見・ご協力をいただきました。ここに厚く御礼申し上げます。本当にありがとうございました。そして、忙しい業務のなかで筆者に執筆の時間を与えてくださったアクセス相続事業部のメンバーに深く感謝いたします。

たくさんのお力添えにより出版された本書が、相続業務について多くの士業の先生方の協業を生み、ひいては相続問題に悩む日本中のクライアントの相続問題の解決の一助になれば、筆者にとってこれほどの喜びはありません。

令和５年５月

税理士　　藤原　由親

目 次

1つ目の知恵
税理士の相続業務アプローチを知る

2つ目の知恵
各士業の業際を知る

3つ目の知恵
業際問題の判例を知る

４つ目の知恵
生前対策の業務と士業連携を知る

5つ目の知恵
相続手続きの業務と士業連携を知る

6つ目の知恵
相続業務の協業パターンを知る

7つ目の知恵
相続業務の協業の本質を知る

凡例（判例集の略記）

刑集 ……………………………………………………………最高裁判所刑事判例集
高刑集 …………………………………………………………高等裁判所刑事判例集
刑月 ……………………………………………………………………刑事裁判月報
下刑集 ………………………………………………………下級裁判所刑事裁判例集
民集 ……………………………………………………………最高裁判所民事判例集
判タ ……………………………………………………………………判例タイムズ

（注１）　本書の内容は、令和５年５月１日現在の法令等に基づいています。
（注２）　本文中の法令の引用箇所において、旧字を一部新字に改めた箇所があります。

1つ目の知恵

税理士の相続業務アプローチを知る

(1) 税理士事務所の現状を知る

AI（人工知能）技術の著しい進歩により、税理士業務は大きく変わろうとしています。「AIの進歩によって税理士はいらなくなる」という話を一度は耳にされたことがあるのではないでしょうか。これは、2013年にオックスフォード大学のマイケル・A・オズボーン教授が発表した「雇用の未来（The Future of Employment）」という論文がきっかけとなっています。そこには、アメリカの雇用全体の約47％がコンピューター化のリスクに晒されており、今後10年から20年でコンピューターへの置き換えが進むと述べられています。また、リスクが大きいとされる職業が具体的にランキングされており、「税務書類作成者」や「データ入力係」は99％、「会計監査人」は94％の確率でコンピューター化されると予想されています。これらの点をもって「税理士はいらなくなる」とまことしやかに囁かれているわけです。

確かに、会計ソフトの自動仕訳機能やRPA（ロボティック・プロセス・オートメーション）による業務自動化、対話型AIの進化などを見ても、AIが税理士業務を代替していくことは間違いありません。見方を変えれば「働き方改革」が叫ばれる昨今、業務の効率化が図られることは事務所経営にとって喜ばしいことです。リモートワークを中心とした新生活様式を取り入れるうえでも有効でしょう。

一方このことは、記帳代行や定型的な申告書作成などの業務が付加価値を生まなくなることを意味しています。したがって、今後、AIによる業務の代替が進むことにより、より一層の価格競争が起こるでしょう。また、顧問契約先で税理士業務の内製化が進み、顧問料の引下げ要求が起こることは容易に想像できます。つまり、そのような業務だけでは事務所経営自体が立ち行かない時代がすぐそこまで来ているのです。

では、「税理士はいらなくなる」のでしょうか。

私はそうは思いません。税理士にはAIにできない、「人と対峙するコンサルタント」としての立ち位置があるからです。加えて、当然ながら私たち税理士には「税務」という専門分野があります。専門家として税法の行間にある領域を判断し、クライアントとの間に立ちながら、税法を実務に落とし込む能力はAIにはありません。

ところで、上記の「雇用の未来（The Future of Employment)」におけるランキングには、コンピューター化のリスクが大きいとされる職業だけでなく、今後もコンピューター化のリスクが少ないと予想される職業も挙げられています。それは、セラピストやカウンセラー、医師や教師などの職業であり、総じて「クライアントそれぞれの状況に応じて定型的でないコンサルティングを行う何らかの分野の専門家」であるということがうかがえます。これは、人と対峙するコンサルタントであり、税務の専門家である税理士にも当てはまります。

ランキングはあくまでも予想であるため、絶対的なものではありません。しかし、税理士にはまだまだ活躍の余地があるということは間違いないでしょう。

(2) 顧問契約先のLTVと相続業務

税理士にとっての相続業務はまさに「人と対峙するコンサルタントであり、税務の専門家」である税理士の能力が如何なく発揮される業務といえます。相続にはどれ一つとして同じ形はありません。その家庭の親族関係や財産状況、代々培われてきた価値観などによって千差万別です。クライアントと対峙することによってその意向をくみ取りつつ、相続税、法人税、所得税などが複雑に絡み合う税法を実務に落とし込むことは今後もAIにはできない作業でしょう。また、相続業務に取り組むことは税理士事務所として税務以外の新たなキャッシュポイントを作り出すことにつながります。近年、「Life Time Value（ライフ・タイム・バリュー）という指標が注目されています。LTVとはクライアントが生涯を通じて企業にもたらす価値を表す指標です。税理士事務所が相続業務に取り組むと同時に、その周辺業務にも取り組むことで、顧問契約先のLTVを最大化することができます。現状、多くの税理士事務所にとって、主な収益源は顧問契約先の月次顧問報酬と決算報酬でしょう。そして顧問契約先に相続が発生した場合に、いわばスポット業務として相続税申告に対応しているのが現状ではないでしょうか。しかし、相続の周辺業務にも取り組むことで相続税申告のみならず、その前後に発生する相続業務も収益化することができます。いわば「点」であるキャッシュポイントを「線」に変えることができるのです。そのために重要なのは、他士業などの相続に関する専門家との「協業」です。それらと協業することでキャッシュポイントの「線」を「面」に変えていくこともできます。なぜなら、協業先からの依頼により顧問契約先以外の相続業務を取り込んでいくことができるからです。

一般的に、新規顧客を獲得するコストは、既存顧客との関係維持によって同じ収益額を得る場合と比べ5倍ほどかかるといわれています。したがって、まずはすでに信頼関係ができている顧問契約先の相続業務に取り組み、そのLTVを増大させることが事務所経営として効率的であるといえます。そして、その過程で他士業などの専門家と協業し、関係性を構築することで、協業先からの依頼による新たな収益源を得ることができます。

他士業などの専門家との協業は、当然ながらAIで自動化できない分野です。なぜなら、それは「人」と「人」との信頼関係が土台となるからです。それ故に、協業による相続業務は、税理士にとってAIに代替されることのない、多くの可能性を秘めた業務といえます。では、その取り組むべき相続マーケットの現状はどのようになっているのでしょうか。次項では相続マーケットの現状を見ていきます。

(3) 相続マーケットの現状を知る

① 高齢化率の上昇と死亡数の増加

日本の総人口は2021年（令和３年）10月１日現在、１億2,550万人とされています。総人口そのものは長期の減少過程に入っており、2029年（令和11年）に１億2,000万人を下回った後も減少を続け、2053年（令和35年）には１億人を割って9,924万人、2065年（令和47年）には8,808万人になると予想されています。一方、総人口が減少していく中でも65歳以上の高齢者は増加傾向が続きます。2021年（令和３年）10月１日現在の高齢者人口

図表①　高齢化の推移と将来推計

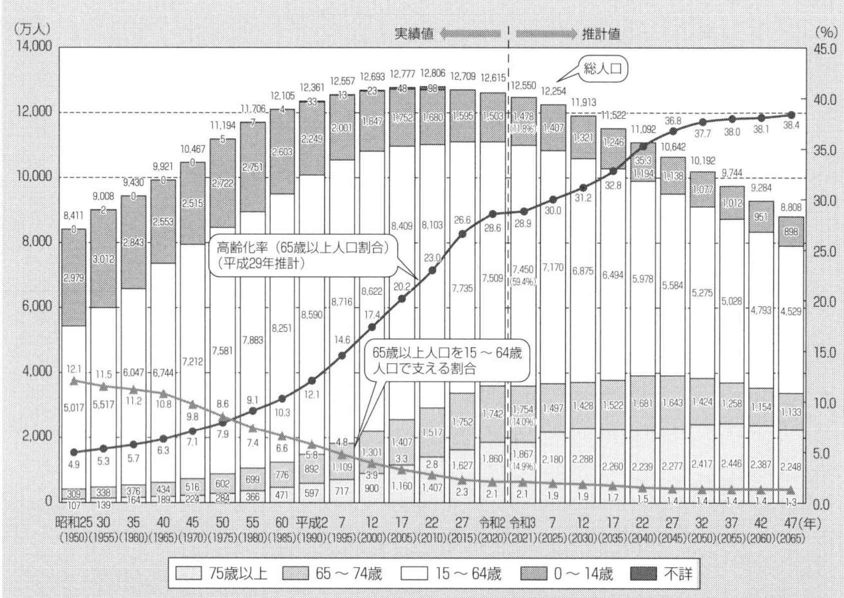

資料：棒グラフと実線の高齢化率については、2020年までは総務省「国勢調査」（2015年及び2020年は不詳補完値による。）、2021年は総務省「人口推計」（令和３年10月１日現在（令和２年国勢調査を基準とする推計値））、2025年以降は国立社会保障・人口問題研究所「日本の将来推計人口（平成29年推計）」の出生中位・死亡中位仮定による推計結果

（注１）　2015年及び2020年の年齢階級別人口は不詳補完値によるため、年齢不詳は存在しない。2021年の年齢階級別人口は、総務省統計局「令和２年国勢調査」（不詳補完値）の人口に基づいて算出されていることから、年齢不詳は存在しない。2025年以降の年齢階級別人口は、総務省統計局「平成27年国勢調査　年齢・国籍不詳をあん分した人口（参考表）」による年齢不詳をあん分した人口に基づいて算出されていることから、年齢不詳は存在しない。なお、1950～2010年の高齢化率の算出には分母から年齢不詳を除いている。ただし、1950年及び1955年において割合を算出する際には、（注２）における沖縄県の一部の人口を不詳には含めないものとする。

（注２）　沖縄県の昭和25年70歳以上の外国人136人（男55人、女81人）及び昭和30年70歳以上23,328人（男8,090人、女15,238人）は65～74歳、75歳以上の人口から除き、不詳に含めている。

（注３）　将来人口推計とは、基準時点までに得られた人口学的データに基づき、それまでの傾向、趨勢を将来に向けて投影するものである。基準時点以降の構造的な変化等により、推計以降に得られる実績や新たな将来推計との間には乖離が生じ得るものであり、将来推計人口はこのような実績等を踏まえて定期的に見直すこととしている。

（注４）　四捨五入の関係で、足し合わせても100.0%にならない場合がある。

出典：内閣府ホームページ

は3,621万人であり、総人口に対する高齢化率は28.9%とすでに世界最高です。高齢者人口の増加により今後も高齢化率は上昇を続け、2036年（令和18年）には人口の33.3%、つまり3人に1人が高齢者になると予想されています。また、2042年（令和24年）をピークに高齢者人口が減少に転じた後も高齢化率は上昇を続け、2065年（令和47年）には38.4%に達して実に国民の約2.6人に1人が高齢者になると見込まれています。(図表①)

また、死亡数も年々増加しており、1989年（平成元年）には約79万人（1日当たり約2,200人）であった死亡数は2019年（令和元年）には約138万人（1日当たり約3,800人）に、さらに2040年（令和22年）には1989年（平成元年）当時の2倍を超える水準である約168万人（1日当たり約4,600人）になると予想されています。(図表②)

図表②　死亡数の推移

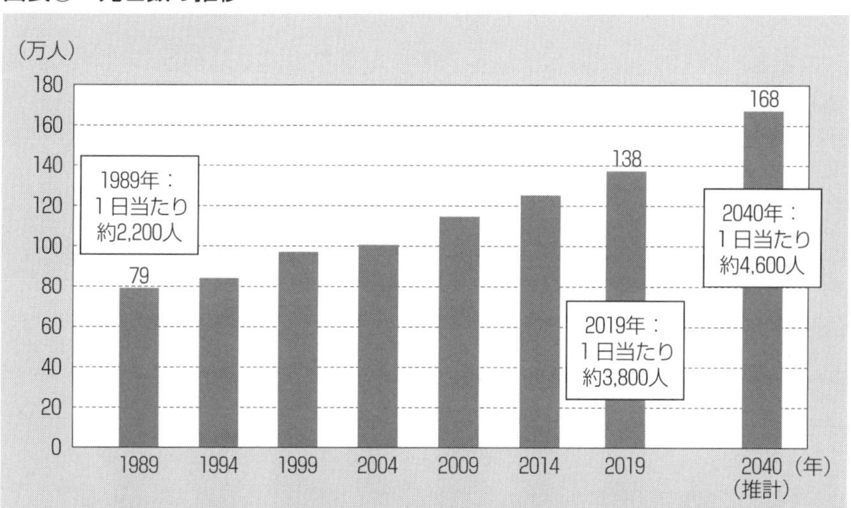

資料：厚生労働省政策統括官付参事官付人口動態・保健社会統計室「人口動態統計」(2019年については月報年計（概数))、国立社会保障・人口問題研究所「日本の将来推計人口（平成29年推計)」における出生中位・死亡中位推計。
(注)　1日当たり人数については、各年の死亡数を365で除した概数である。

出典：内閣府ホームページ

以上のデータより、少なくとも高齢者数・死亡数がともに増加していくと見込まれる2040年（令和22年）まで、相続マーケットは着実に拡大していくことになります。日本の総人口の減少に伴って、ほとんどのマーケットが縮小傾向にあるなか、相続マーケットは数少ない成長分野といえるでしょう。

②　増加する認知症高齢者とその保有資産

高齢者のうち、認知症の人の割合も年々増加していきます。2012年（平成24年）に15％だった認知症の人の割合が2025年（令和７年）には20％を超え、2040年（令和22年）には24.6％、つまり高齢者の約４人に１人は認知症になると考えられています。さらに2060年（令和42年）には33.3％と実に高齢者の３人に１人が認知症である社会がやってくると予想されています。（図表③）

一方で、2018年（平成30年）に金融庁がまとめた「高齢社会における金融サービスのあり方（中間的なとりまとめ）」を見ると、60歳代以上の高

図表③　日本における認知症の人の将来推計

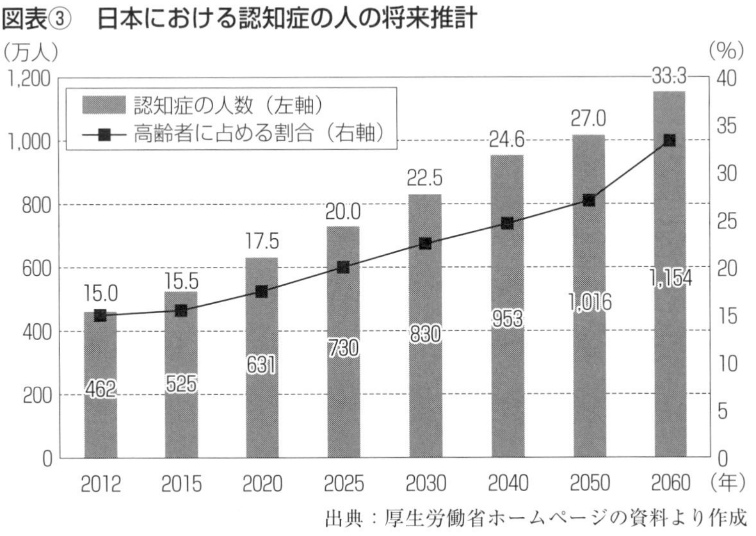

出典：厚生労働省ホームページの資料より作成

図表④　金融資産の年齢階級別割合の推移見込み

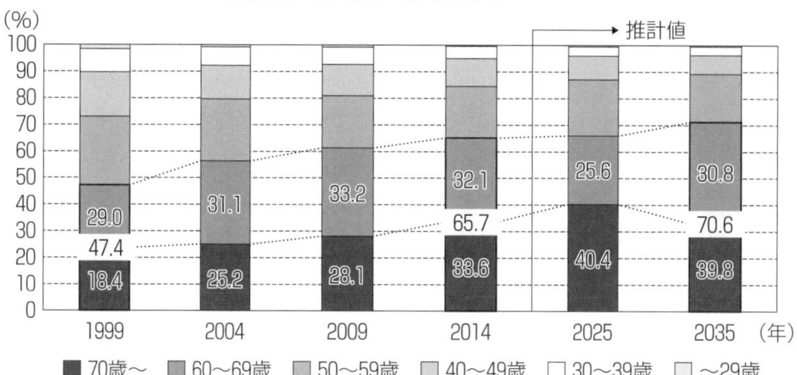

出典：「高齢社会における金融サービスのあり方(中間的なとりまとめ)」(金融庁ホームページ)

図表⑤　世帯主の年齢階級別家計資産総額（総世帯）

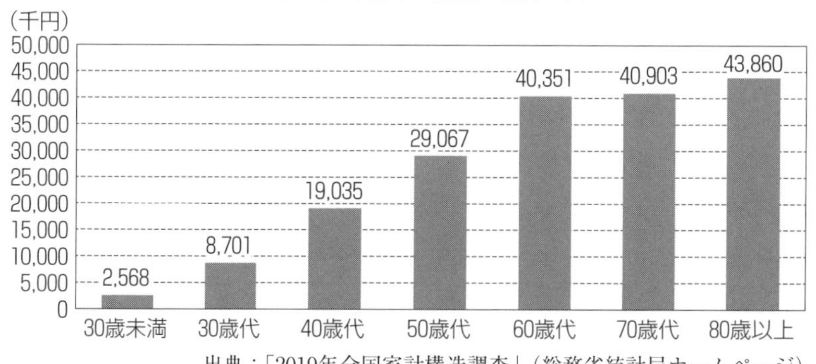

出典：「2019年全国家計構造調査」（総務省統計局ホームページ）

齢者世帯が家計金融資産の約3分の2を保有していることがわかります。そして、2035年（令和17年）にはその割合は70%を超えると予想されています。(図表④) また、2019年（令和元年）に総務省統計局が行った「2019年全国家計構造調査」においても60歳以上の高齢者世帯に財産が偏っていることが読み取れます。(図表⑤)

これらのデータは、今後、認知症高齢者が増加し、その認知症高齢者が保有する財産の凍結化が進むことにより、社会全体に多額の経済的ロスが発生してしまう可能性が高いことを示唆しています。実際に、認知症高齢者が保有する資産額は今後約20年で大幅に増加するという推計も発表されています。三井住友信託銀行が2022年（令和４年）に独自推計したところによれば、認知症高齢者が保有する資産総額（金融資産と不動産）は2020年（令和２年）で約252.1兆円、2030年（令和12年）には314.2兆円となり、2040年（令和22年）には345兆円に上ることが予想されています（「認知症高齢者の保有する資産推計について」三井住友信託銀行）。

つまり、現時点において、将来的に凍結されてしまう可能性が高い資産が数百兆円規模で存在しているということです。今後、高齢者が保有する資産をどのようにして移転していくのか、あるいはどのように管理していくのか、日本にとって看過できない問題となるでしょう。

③ 「争族（あらそうぞく）」の増加

相続により世代間で移転する資産額は、年間で約50兆円に上るといわれています。日本の国家予算が約100兆円であることを考えると、実に国家予算の50％にあたる額の資産が、毎年相続により移転されていることになります。人生において相続というライフイベントを経験する回数は、一般的には両親からの相続の際における２回でしょう。その限られた機会に、まとまった資産の持ち主が変わることになります。毎年これだけの額の資産が移転するとなると、当然、その移転の際に相続人間でトラブルが発生することも予想されます。

2015年（平成27年）に相続税の基礎控除額が引き下げられたことを大きなきっかけとして世間の相続に対する関心が高まり、「自分の法定相続分は主張するもの」という考えが一般的になりつつあります。実際に、遺産分割に関する事件数は毎年14,000件を超える水準で推移しており、これは25年前の1.5倍を上回る水準です。（図表⑥）

また、2020年（令和２年）の統計によると、遺産分割に関する事件数5,807

図表⑥　遺産分割事件の新受件数の推移

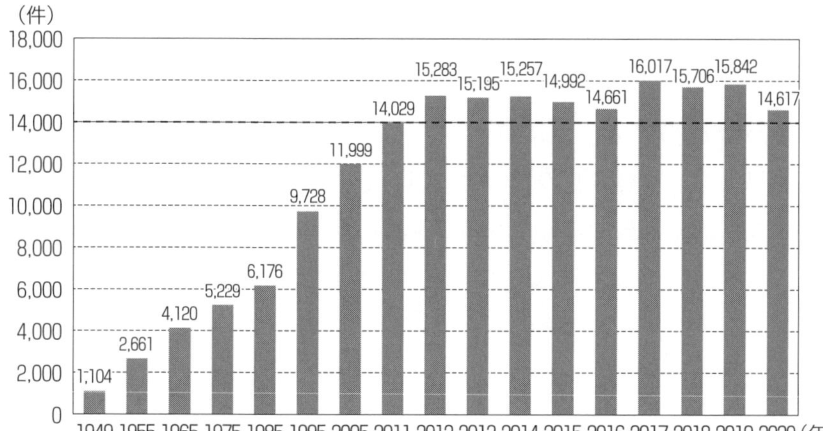

出典：最高裁判所「家事審判・調停事件の事件別新受件数（全家庭裁判所）」より作成

件のうち、実に約４分の３が財産額5,000万円以下で争っており、さらには約３分の１が財産額1,000万円以下で争っていることがわかります。（図表⑦）

図表⑦　遺産分割事件のうち認容・調停成立件数における遺産の価額別割合

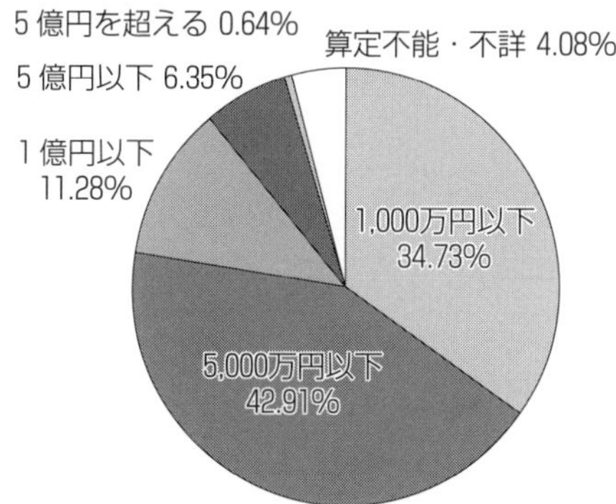

出典：最高裁判所「令和２年司法統計年報（家事編）第52表 遺産分割事件のうち認容・調停成立件数（「分割しない」を除く）遺産の内容別遺産の価額別（全家庭裁判所）」より作成

これは、相続税がかかる、かからないにかかわらず、「争族（あらそうぞく）」対策は誰しもが必要だということを意味しています。

④ 「おひとりさま」の増加

65歳以上の一人暮らしの人数は、1980年（昭和55年）には男性が約19万人、女性が約69万人であったものが、2015年（平成27年）には男性が約192万人、女性が約400万人となっています。男女ともさらに増加傾向は続き、2040年（令和22年）には男性が約356万人、女性が約540万人となり、男女の合計数で2015年（平成27年）に比べ約1.5倍、実に900万人の高齢者が一人暮らしになると予想されています。一人暮らしの人の65歳以上人口に占める割合も年々増加し、2015年（平成27年）には男性で13.3%、女性で21.1%だったものが2040年（令和22年）には男性で約20.8%、女性で24.5%となり、65歳以上の人の４～５人に１人は一人暮らしという社会になると予想されています。（図表⑧）原因としては日本の高度経済成長とともに核家族化が進んだことや、年代を通じた未婚率・離婚率の上昇などが考えられます。

高齢者の一人暮らしが増加することは、身寄りがない、あるいは頼れる人がいない高齢者が増加することを意味します。したがって、すでに述べた認知症の問題だけでなく、看取りや葬儀、埋葬、様々な死後の手続きを誰がやるのかという問題も発生してきます。いわゆる「おひとりさま」対策に対する社会的ニーズも高まっていくでしょう。

⑤ 相続税申告の一般化

平成25年度の税制改正により、2015年（平成27年）１月１日以降に開始する相続について、相続税の基礎控除額が「5,000万円＋1,000万円×法定相続人の数」から「3,000万円＋600万円×法定相続人の数」に引き下げられました。その結果、相続税の課税対象となった被相続人の数は平成26年

図表⑧　65歳以上の一人暮らしの者の動向

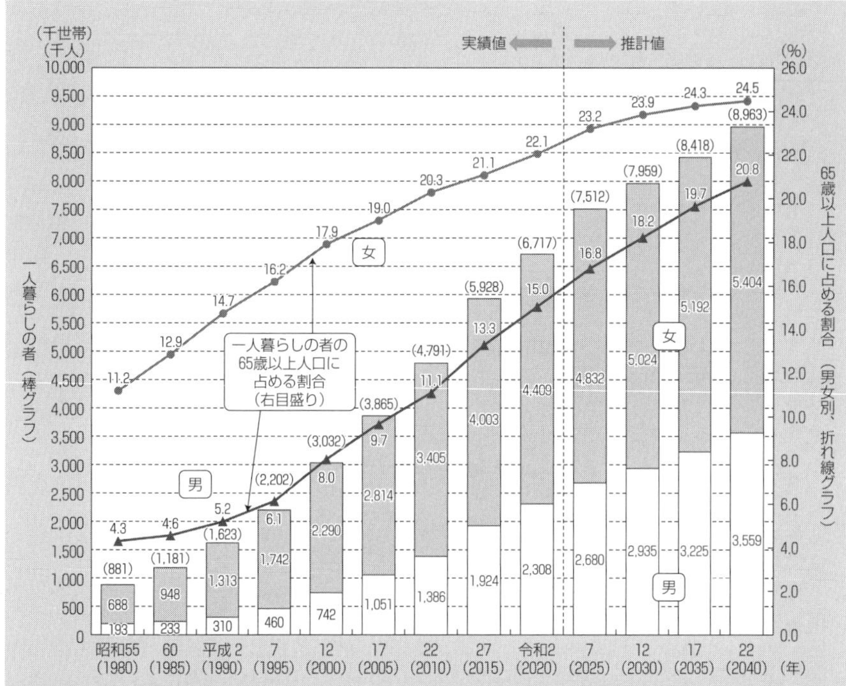

資料：令和２年までは総務省「国勢調査」による人数、令和７年以降は国立社会保障・人口問題研究所「日本の世帯数の将来推計（全国推計）」（2018（平成30）年推計）による世帯数
（注１）「一人暮らし」とは、上記の調査・推計における「単独世帯」又は「一般世帯（１人）」のことを指す。
（注２）棒グラフ上の（　）内は65歳以上の一人暮らしの者の男女計
（注３）四捨五入のため合計は必ずしも一致しない。

出典：内閣府ホームページ

分の約５万6,000人から平成27年分は約10万3,000人へとほぼ倍増し、相続税の課税割合も4.4%から8.0%に上昇しました。その後も相続税の課税対象となった被相続人の数、課税割合とも上昇傾向にあり、令和３年分は約13.4万人、課税割合は9.3%となっています。（図表⑨・⑩）

そのほかに、小規模宅地等の課税価格の計算特例や相続税の配偶者控除の適用により税額０円となった申告件数も合わせると課税割合は11.7%となり、実に亡くなった人の10人に１人は相続税の申告をしていることにな

図表⑨　被相続人の推移

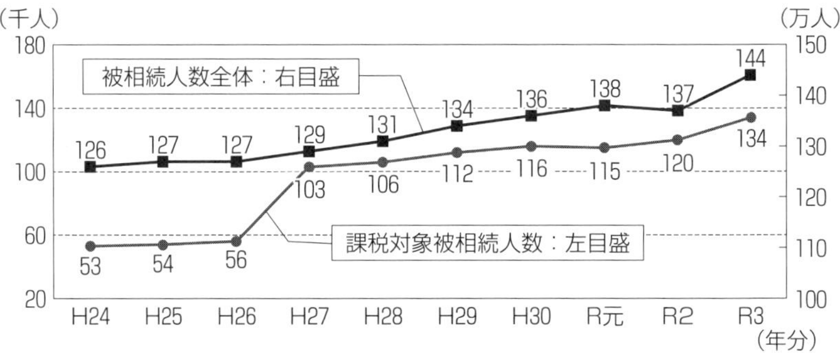

図表⑩　課税割合の推移

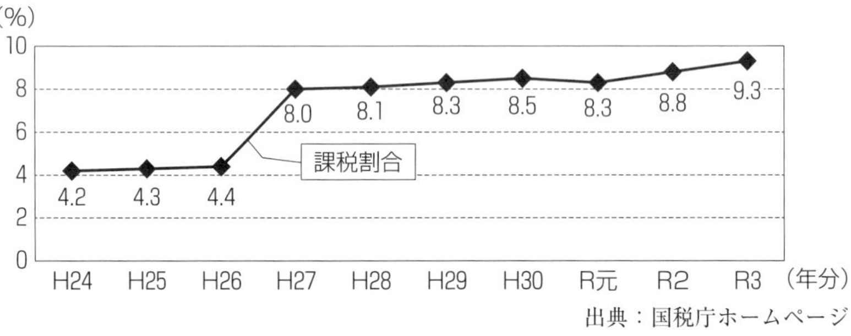

出典：国税庁ホームページ

ります。不動産の価格が高い都市部においては、さらにその割合は高まるでしょう。相続税は一部の富裕層だけが関係する税金ではなく、国民一般が関係する税金となりました。今後も被相続人数全体（日本全体の死亡数）の増加により、相続税の申告件数は増加していくことが予想されます。顧問契約先において相続が発生した場合には、おそらく相続税申告が必要となる、との認識が必要でしょう。当然ながら、生前における相続税対策の必要性も増すことになります。

(4) 税理士の相続業務アプローチ

以上のように相続マーケットの現状を俯瞰してみると、将来的なマーケットの方向性が見えてきます。それは今後、相続マーケット自体が拡大していく中、高齢者の認知症対策や争族対策、おひとりさま対策など社会的な問題解決のためのニーズが高まっていくということです。税理士としては相続税対策や相続税申告など、税金面に目を向けがちですが、それ以外の部分で非常に大きなマーケットが存在するということです。したがって、それらの対策にも税理士が取り組んでいくことで、結果的により多くのキャッシュポイントを作り出すことができます。

しかし、認知症対策や争族対策、おひとりさま対策などは、本質的に税理士業務ではありません。もちろん、税理士が行うことができる業務もありますが、その多くは弁護士や司法書士、行政書士など他士業の業務領域に属しています。いくらキャッシュポイントを作るためとはいえ、そのために弁護士や司法書士、行政書士などの難関国家資格を取得することは現実的ではないでしょう。

そこでおすすめするのは、先にも述べた相続業務におけるそれら他士業との「協業」です。同じクライアントに対して士業同士が役割分担し、連携してサービスを提供するのです。例えば、顧問契約先に対して、高齢者の認知症対策や争族対策、おひとりさま対策などの提案を行い、税理士事務所がその対応窓口となります。そして、案件内容に応じ、各士業の業務領域に属する部分はその業務に適した士業へ依頼し、特定の資格が必要でない業務は税理士事務所が受け持ちます。その過程で相続税の試算などが必要であれば、当然ながら税理士業務として税理士事務所が対応します。

顧問契約先にとっても、税理士からピンポイントで相続税対策のみを提案されるよりも間口が広がるため、提案を受け入れやすいでしょう。そうすることで結果的に税理士業務としての受注率もアップすることになります。なぜなら、税理士事務所の顧問契約先にそれらのアプローチをする場合、入り口はどうあれ最終的には相続税の試算が必要になってくる場合がほとんどだからです。そもそも税理士事務所の顧問契約先ということは、同族企業のオーナー一族、すなわち相続税申告が必要な一定規模以上の資産家であることが多いでしょう。相続業務の協業においては、一連の対策の流れの中で相続税の試算を受け持つことになるため、顧問契約先もスムーズに受け入れやすくなります。ロングスパンで見れば、顧問契約先からの相続税申告も確実に受注できることになります。

このように、他士業との協業により相続業務に取り組むことで、顧問契約先のLTVを最大化することが可能になります。では、士業が行う一連の相続業務にはどのようなものがあるのでしょうか。以下に生前から相続開始後にわたる士業の一般的な相続業務を図示します。(図表⑪)

図表⑪　士業の一般的な相続業務

生前		相続開始	相続後	
財産管理委任・任意後見	死後事務委任	相続人の調査 財産目録の作成	金融資産、不動産名義変更	
			相続放棄	相続税申告
遺言・相続税対策・信託		死後事務	遺産分割協議 遺言執行・遺産整理	

高齢者の認知症対策や争族対策、おひとりさま対策などはこれらの業務を組み合わせて提案することになります。したがって、まずは税理士業務以外の、これらの業務の内容を理解することが必要不可欠です。そして、協業する他士業と連携するためには、各士業の業務領域を理解することが

非常に重要です。税理士はじめ各士業にはそれぞれ独占業務が認められています。当然ながら、各士業はその独占業務を侵されることについて非常に敏感です。いわゆる「業際問題」といわれるものです。そもそも他士業の独占業務を侵してしまうと刑罰の対象となるため、税理士事務所としても、その境界を確認しておく必要があります。実は、各士業における相続業務は、この「業際問題」が発生しやすい業務領域といえます。そこで、次章ではまず、この「業際問題」と各士業の業務領域について解説します。

2つ目の知恵

各士業の業際を知る

(1) 業際問題とは

「業際問題」とは、ある士業の業務領域を、その資格を持たない他士業や無資格者が行うことによって起こる業務の越境問題です。現在、日本には税理士、弁護士、司法書士、行政書士、土地家屋調査士など、様々な国家資格があります。これらの国家資格をもつ法律専門職、いわゆる「士業」は、それぞれの士業法によって業務範囲が定められ、独占業務（その国家資格取得者でなければできない業務）が認められています。例えば、税理士であれば税理士法第２条(税理士の業務)において業務範囲が定められ、同法第52条（税理士業務の制限）において税理士の独占業務が認められています。

実は、税理士は他士業と比べ相続業務における業務範囲や独占業務の線引きが明確です。そのため、税理士が行う相続業務において、実務上は業際が問題とされることは少ないといえるでしょう。しかし、他士業においてはその線引きが不明確な場合もあり、条文解釈に対する士業間の見解の相違から、たびたび業際問題が取り沙汰されています。特に、弁護士・司法書士・行政書士は条文解釈によって、それぞれの業務範囲が重なりあう部分が拡大・縮小されることがあり、一般的に業際問題への関心は高いといえます。一方、税理士は、士業としての業際が比較的明確であるが故に、総じて業際問題への関心が低いように思われます。例えば、相続税申告業務を行う際に税理士が遺産分割協議書を作成するケースがあります。遺産分割協議書の作成は本来的には弁護士・司法書士・行政書士の業務です。税理士は、相続税申告に際して遺産分割協議書の添付が必要な場合に限り、添付書類としての遺産分割協議書の作成が業務として認められる余地があると考えられます。逆に言えば、相続税申告自体が必要ない場合に、遺産分割協議書の作成のみを業務とすることはできません。さらに、相続人間に争いがあるような場合は、後述する弁護士法第72条（非弁護士の法律事務の取扱い等の禁止）に抵触する可能性があり、相続税申告に際しての添付書類であるかどうかにかかわらず、そもそも遺産分割協議書の作成はするべきではありません。しかし、そのような業際意識を持たずに遺産分割協議書を作成しているケースも少なからずあるように思われます。

当然ながら、相続業務に他士業と協業して取り組む場合には、そのような業際問題をより明確に認識する必要があります。なぜなら、業際への理解なしに他士業と「協業」、すなわち協働して業務にあたることはできないからです。また、業際を守ることは税理士事務所を守ることに直結します。業際問題を理解しないまま、顧問契約先のためにと親切心で行ったことが結果的に他士業の業務範囲を侵害し、業際問題に発展すれば事務所自体の存続に影響を及ぼしかねません。それは、顧問契約先にとっても税理士事務所にとっても望むべき状況ではないでしょう。その意味においても、税理士が相続業務に取り組むにあたっては、業際問題への理解が必須といえます。

この章では、相続業務において協業すべき主な士業である弁護士、司法書士、行政書士、土地家屋調査士の相続業務におけるその業務範囲と独占業務について、そして、私たち税理士の相続業務における業務範囲と独占業務について解説します。

(2) 士業の歴史

相続業務における士業の業際問題を理解するうえで、士業の歴史とそのルーツを確認することは非常に重要です。特に、弁護士・司法書士・行政書士はお互いに業務範囲の重なりあう部分があり、私たち税理士から見るとなぜそのような状態になっているのか、一見すると理解が難しい部分があります。しかし、それぞれの士業のルーツを確認することで、現行制度の成り立ちに対する理解を深めることができます。

弁護士・司法書士・行政書士のルーツとしては、江戸時代に奉行所への「公事（くじ）」（ここでは訴訟の意）を代行することを業とした「公事師（くじし）」にその源流を見ることができます。公事師は訴訟に不慣れであったであろう当時の訴訟人の依頼を受けて、訴訟手続きや訴訟ノウハウを教え、また、書類の作成を代行していました。しかし、その性格は現在の事件師に近く、悪徳な公事師が多かったといわれています。そのため、公事師は不法な存在であるとして江戸幕府によって取り締まりの対象になることもありました。また、奉行所公認の代書業として「公事宿（くじやど）」がありました。公事宿は地方から訴訟のためにやってきた者に宿泊施設を提供し、同時に訴状の作成や訴訟手続きの代行をしていました。しかし、故意に裁判を長引かせて宿へ長期間滞在させたり、多額な謝金を要求するといった悪徳な公事宿も数多く存在していたといわれています。したがって、公事師や公事宿は現在のいわゆる「士業」のように、法制度によって専門的知識やその能力が担保された職業ではなかったといえます。現在の弁護士・司法書士・行政書士につながる士業制度は、近代的司法制度の整備が進められた明治時代にその起源を見ることができます。

⑶ 弁護士制度の沿革

① 代言人の時代

江戸幕府に代わって生まれた明治新政府は日本の近代化を急ぎ、司法制度についてもその整備を推し進めました。欧米式の裁判制度を導入するとともに司法事務の中央集権体制の確立を進め、1872年（明治５年）の「司法職務定制」により、それまで府県が掌握していた司法事務を司法省が統括する裁判所に移管させました。そして、新しい裁判制度の公正・迅速な運用のために司法職務定制第43条において初めて「代言人」が定められ、「自ラ訴フル能ハサル者ノ為ニ之ニ代リ其訴ノ事情ヲ陳述シテ冤枉（筆者注：【えんおう】無実の罪のこと）無カラシム」として民事訴訟において自ら訴えることができない者に代わって代言人が陳述できることとしました。

しかし、当初の代言人には資格要件がなかったため、実態としては江戸時代からの公事師が代言人と称して活動しており、依然として法制度によって専門的知識やその能力が担保された職業ではありませんでした。なお、「司法職務定制」では代言人のほか、第41条において「証書人」が、第42条において「代書人」が初めて定められ、それぞれ現在の公証人と司法書士の起源とされています。

その後、近代司法制度が確立されていく中で、次第に公認された職業として代言人を認め、これを政府の監督下に置くことが求められるようになりました。そこで、1876年（明治９年）に「代言人規則」が定められ、ここにおいて代言人は免許制となり、代言人試験(当時は所管地方官の検査)に合格した者がその職務を行うことができることとなりました。当初、代言人は民事訴訟に限って弁護が認められていましたが、1882年(明治15年)の「治罪法」の施行により、刑事事件についても弁護が認められるようになりました。このように、公認された職業としての弁護士の法制度は「代言人規則」からスタートしています。

② 弁護士法の時代

1889年（明治22年）の大日本帝国憲法の公布に伴い、裁判所構成法、民事訴訟法、刑事訴訟法が制定されました。これらの条文中に初めて「弁護士」という名称が使用され、次いで1893年（明治26年）には「弁護士法」が制定されました。「弁護士」という名称は、刑事事件における被告人の弁護を行う官吏であった「弁護官」に由来し、官吏ではないため「官」を「士」に変更したと考えられています。当時の弁護士法においては、弁護士の職務は裁判所における活動に限定されていました。また、免許制が廃止され、司法大臣が定める弁護士試験規則により実施された試験に合格することが資格要件とされました。そして昭和時代に入り、1933年（昭和８年）の改正により、弁護士の職務は「訴訟ニ関スル行為其ノ他一般ノ法律事務ヲ行フコト」とされました。これにより、弁護士の業務範囲は裁判所における活動のみならず、法律事務全般に拡張されることになりました。その一方で、同年には非弁護士を取り締まる目的で「法律事務取扱ノ取締ニ関スル法律」が制定されています。その後、第二次世界大戦の敗戦により日本の法律体系は根本的に改定されることとなり、1946年（昭和21年）の日本国憲法公布に続き、弁護士法についても1949年（昭和24年）に改正が行われています。この改正により、第１条（弁護士の使命）及び第２条（弁護士の職責の根本基準）が新設されました。また、「法律事務取扱ノ取締ニ関スル法律」が廃止され、非弁護士の取締規定が弁護士法に取り込まれています。その後、数次の改正を経て現在の弁護士法に至っています。

③ 弁護士業務の沿革

このように、弁護士業務は明治新政府による近代司法制度の整備に伴い、新しい裁判制度を公正・迅速に運用するために必要とされた「訴訟代理」をその出発点としています。そして、その後の弁護士法の改正により、裁判所外での一般の法律事務までをその業務範囲とするようになりました。その過程で非弁護士に対する取締規定も整備されています。

(4) 司法書士制度の沿革

① 代書人の時代

司法書士のルーツは、弁護士と同様、江戸時代の「公事師」、「公事宿」に見ることができます。前述のとおり、それらは法制度によって専門的知識やその能力が担保された職業ではなかったといえます。現在の司法書士につながる法制度は、1872年（明治５年）の「司法職務定制」における「代書人」にその起源を見ることができます。「司法職務定制」は、その第42条において「代書人」を規定し、「各人民ノ訴状ヲ調成シテ其詞訟（筆者注：【ししょう】訴訟のこと）ノ遺漏無カラシム」として文字や文章を書くことができない者や書類作成に不慣れな者に代わり、代書人に訴状を作成させることとしました。したがって、代書人の職務は訴状などの裁判関係書類の作成をその出発点としています。なお、当初の代書人に資格要件は定められていませんでした。その後、1886年（明治19年）に「登記法」

が制定され、不動産登記制度が設けられました。その際、代書人の職務に登記関係書類の作成が加えられています。法務局が管轄している現在と異なり、当時の不動産登記制度は、原則として裁判所が管轄していました。そのため、もともと裁判関係書類の作成をその職務としていた代書人の職域に、登記関係書類の作成が加えられたと考えられます。このように、代書人は裁判関係書類と登記関係書類の作成を、その職域として確立していきました。

②　司法代書人法の時代

裁判関係書類と登記関係書類の作成を職務とする代書人が一般に「司法代書人」と呼ばれるようになり、後述する「行政代書人」と区別されるようになりました。そして明治末期からの司法代書人による法制定運動の結果、大正時代に入った1919年（大正８年）に「司法代書人法」が制定されました。その第１条において司法代書人は「他人ノ嘱託ヲ受ケ裁判所及検事局ニ提出スヘキ書類ノ作製ヲ為スヲ業トスル者ヲ謂フ」とされ、資格要件として司法代書人となるためには所属地方裁判所長の許可を受けなければならないと定められました。この司法代書人法によってはじめて司法代書人が公認された職業となり、現在の司法書士制度の出発点となったといえるでしょう。

③　司法書士法の時代

昭和時代に入り、1935年（昭和10年）には「司法代書人法」が改正され、法律の名称も「司法書士法」に改められました。同時に「司法代書人」の名称も「司法書士」に改められています。そして、第二次世界大戦の敗戦により日本の法律体系は根本的に改定されることとなり、1946年（昭和21年）の日本国憲法公布に続き、司法書士法についても1950年（昭和25年）に改正が行われています。この改正により、司法書士の職務はその第１条第１項において「他人の嘱託を受けて、その者が裁判所、検察庁又は法務局若しくは地方法務局に提出する書類を代つて作成することを業とする」とされ、司法書士となるには、事務所を設けようとする地を管轄する法務局又は地方法務局の長の認可を受けなければならないと定められました。その後、1978年（昭和53年）の改正において第１条に法律の目的規定、第２条に司法書士の職責規定が定められ、業務範囲に関する規定も整備されました。また、2002年（平成14年）の改正により司法書士が簡易裁判所における一定の民事訴訟などの手続きについて代理業務ができるようになっています。その後、2020年（令和２年）に第１条が法律の目的規定から司法書士の使命規定に変更されるなど、数度の改正を経て現在の司法書士法に至っています。

④ 司法書士業務の沿革

このように、司法書士業務は明治新政府による近代司法制度の整備に伴い、新しい裁判制度を公正・迅速に運用するための「裁判関係書類の作成代理」をその出発点としています。そして、登記法の制定に伴い、「登記関係書類の作成代理」もその業務範囲とするようになりました。また、その後の法改正により業務範囲が整理されるとともに、従来弁護士だけに認められていた「訴訟代理」についても一部が司法書士の業務として認められることとなりました。

⑸　行政書士制度の沿革

①　代書人の時代

司法書士のルーツとされる1872年（明治５年）制定の「司法職務定制」における「代書人」は、裁判所内で訴状等の裁判関係書類の作成代理を行っていました。しかし、当時から裁判所外で活動する代書人も存在し、多くは市町村役場や警察署などに提出する書類の作成代理を行っていました。それらの代書人が制度の中で登場するのは、明治30年代後半の「代書人取締規則」からになります。「代書人取締規則」は悪質な代書人を取り締まる目的で制定されたものですが、全国的に統一された法制度ではなく、各府県令や警視庁令でそれぞれに定められていました。この中で代書人は「他人ノ委託ニ依リ料金ヲ受ケ文書ノ代書ヲ業トスル者」（大阪府「代書人取締規則」）や「他人ノ委託ヲ受ケ文書、図面ノ作成ヲ業トスル」（警視庁「代書業者取締規則」）とされ、代書人となるためには所轄警察官署の許可などを受けることとされていました。また、代書人に対する監督規定も置かれていました。

②　代書人規則の時代

「代書人取締規則」は裁判所内で活動する代書人か市町村役場や警察署等で活動する代書人かを問わず、すべての代書人を取り締まりの対象とするものでした。しかし、1919年（大正８年）に「司法代書人法」が制定され、裁判関係書類と登記関係書類の作成を職務とする、いわゆる司法代書人がその対象から分離されることになりました。残された代書人は司法代書人に対して「行政代書人」と呼ばれるようになり、司法代書人制度が成立したことに呼応して、それまで各府県令や警視庁令でそれぞれに定められていた代理人取締規則を見直し、監督規定を統一することとなりました。その結果、1920年（大正９年）に「代書人規則」が定められ、ここにおいて司法代書人と行政代書人は制度として分離されることになりました。代書人規則において代書人は「他ノ法令ニ依ラスシテ他人ノ嘱託ヲ受ケ官公署ニ提出スヘキ書類其ノ他権利義務又ハ事実証明ニ関スル書類ノ作製ヲ業トスル者」とされ、代書人となるためには主たる事務所所在地の警察署の認可を受けなければならないと定められました。この代書人規則の制定が現在の行政書士制度の出発点となったといえるでしょう。

③　行政書士法の時代

代書人規則は従来の代書人取締規則を踏襲し、取締規定としての性格が強いものでした。そのため、1935年（昭和10年）に司法代書人法が司法書士法に改正されたことを機に行政書士法の制定に向けての運動も行われましたが、第二次世界大戦の激化とともに中止のやむなきに至っています。そして、第二次世界大戦の敗戦により日本の法律体系は根本的に改定されることとなり、代書人規則は1947年（昭和22年）限りで失効することになります。その結果、代書人の営業に対する法的な規制がなくなり、悪徳な業者も現れるようになりました。都道府県によっては「行政書士条例」を制定し、その業務を規制していましたが、行政書士条例が制定されない県も数多く存在しました。そこで、国民の不利益を排除するために法制化の機運が高まり、1951年（昭和26年）に「行政書士法」が制定されました。この法律によって従来の取締規定としての性格が後退し、第１条第１項において行政書士の業務を「他人の依頼を受け報酬を得て、官公署に提出する書類その他権利義務又は事実証明に関する書類を作成すること」と規定し、同条第２項において「その業務を行うことが他の法律において制限されているものについては、業務を行うことができない」とされました。また、行政書士は登録をした都道府県の知事が監督することとなりました。その後、1997年（平成９年）の改正において第１条に目的規定が創設されるなど、数次の改正を経て現在の行政書士法に至っています。

④　行政書士業務の沿革

このように、行政書士業務は市町村役場や警察署などの裁判所外での書類の作成代理をその出発点としています。弁護士や司法書士の業務が、明治時代以降の新しい裁判制度を公正・迅速に運用するという国家政策的な必要性からスタートしているのに対し、行政書士業務は市井の要望から生まれたものであるといえます。行政書士法に規定する「官公署に提出する書類その他権利義務又は事実証明に関する書類」の範囲は広く、イメージとしては、紛争性がないことを前提として税理士や司法書士、土地家屋調査士などが専門的に取り扱う分野以外の書類の作成を行政書士がカバーしているともいえるでしょう。

(6)　税理士制度の沿革

①　税務代弁者の時代

現在の税理士につながる税務代理業が日本に現れるのは、日本が近代国家への歩みを始めた明治時代からです。封建社会であった江戸時代における税の中心は年貢であり、年貢は検地による石高に応じ領主によって課税されていました。したがって、民間による税務代理業は不要であったと考えられます。明治時代に入ると、1873年（明治６年）から地租改正という税制度の改革が全国的に行われました。これは、原則として米による現物納だった年貢制度を改め、土地からの収益を基にして定めた地価に一定率を乗じた租税（地租）を「税金」として金銭納させ、財政収入の安定化を図ろうとするものでした。その後、1894年（明治27年）に起こった日清戦争の戦費を賄うため、次第に農民に対する地租中心の課税から、商工業者に対する所得課税へと移行していきました。その際、商工業者のなかには退職した税務官吏や会計知識のある者に、税務相談や申告代理を依頼する者が現れるようになり、これが日本における税務代理業の始まりだと考えられています。次いで1904年（明治37年）に起こった日露戦争の戦費調達のため、さらに増税が行われ、税務相談や申告代理を依頼する者が一層増加しました。これにより、税務の専門職として税務代理業が成立するようになり、「税務代弁者」あるいは「税務代弁人」（以下、合わせて「税務代弁者」といいます）と呼ばれるようになりました。しかし、これらの税務代理業者を規制する制度はなかったため、税務代弁者のなかには納税者の知識が乏しいことをいいことに不当に高額な報酬を請求したり、故意に税務当局との紛争を起こさせるなどの悪徳な者も現れました。そのため、1912年（明治45年）に大阪府において「大阪税務代弁者取締規則」が、1936年（昭和11年）に京都府において「京都税務代弁者取締規則」が制定され、それぞれの地域で業務を行うためには警察署長の許可が必要とされました。しかし、これらは地域的な取り締まりにとどまり、全国的な規制の整備が行われないまま税務代弁者の活動は続くことになります。

② 税務代理士法の時代

大都市圏での経済の発達により数多くの法人が設立され、それらの法人の会計監査等の必要性が高まってくると、1927年（昭和２年）には日本で初の職業会計人制度である「計理士法」が制定されました。しかし、「計理士法」は現在の公認会計士制度の前身となるものであり、税務についての規定はありませんでした。そして、1937年（昭和12年）に日中戦争が起こって以降、膨大な戦費調達のために相次いで増税が行われ、それに伴い税制自体も複雑になっていきました。そのため、税務代理業に対する社会的なニーズが高まり、税務代弁者の数は増加していきました。一方で、長引く戦争のため税務官吏の多くが徴兵された課税当局においては、人員不足により税務行政の運用に支障をきたすようになっていました。そこで、納税者と税務当局の間に立ち、公益的使命を持って税務行政の円滑な運用に資する税務の専門家が必要とされるようになりました。そのような背景から、1942年（昭和17年）に日本で初めての税務の職業専門家制度として「税務代理士法」が制定されました。税務代理士法においては、税務代理士となるには大蔵大臣の許可が必要とされ、税務代理業は税務代理士のみが行える業務とされました。したがって、この税務代理士法によってはじめて税務代理士が公認された職業となり、現在の税理士制度の出発点となったといえるでしょう。

③　税理士法の時代

第二次世界大戦の敗戦により日本の法律体系は根本的に改定されることとなり、従来の税務代理士法は廃止され、1951年（昭和26年）、新たに「税理士法」が制定されました。税理士法においてはその第１条において「税理士は、中正な立場において、納税義務者の信頼にこたえ、租税に関する法令に規定された納税義務を適正に実現し、納税に関する道義を高めるように努力しなければならない」とその職責が新たに規定されました。また、税理士となる資格を有する者を弁護士・公認会計士・税理士試験合格者・税理士試験の免除者と限定列挙し、税理士は国税庁長官の監督下に置かれることになりました。その後、1956年（昭和31年）の改正における書面添付制度の創設、1980年（昭和55年）の改正における財務書類の作成等の付随業務化など、数次の改正を経て現在の税理士法に至っています。

④ 税理士業務の沿革

このように、税理士業務は明治以降の日本の経済発展を基礎とし、税制の複雑化に伴う「官と民を取り持つ」という官民双方の要請から生まれ、その業務範囲を確立してきました。相続業務において、弁護士・司法書士・行政書士は各士業のルーツを遠因として、業務範囲が重なり合う部分があります。これに対し、税理士業務は当初より「税務」という分野に特化してきたため、相続業務の協業においては、他士業との業際が明確といえるでしょう。

(7) 土地家屋調査士制度の沿革

① 土地調査員の時代

江戸幕府に代わって生まれた明治新政府により、地租改正という税制度の改革が全国的に行われました。これは、原則として米による現物納だった年貢制度を改め、土地からの収益を基にして定めた地価に一定率を乗じた租税（地租）を「税金」として金銭納させ、財政収入の安定化を図ろうとするものでした。これに伴い国民による土地の私的所有が認められ、売買や担保の対象として扱われることになりました。この制度を実施する前提としては、個人が所有する土地の所在や領域を明確にする必要があります。しかし、当初は国家予算の面や国民感情への配慮から、それら土地の現状把握は納税者による自主申告に委ねられていました。そのため課税台帳である土地台帳の記載内容には不備が多く、全国一律での公平な徴税ができていない状況でした。当時、地租は国税であったため、各地の税務署において土地台帳と家屋台帳が管理されていましたが、そのような記載内容の不備を改善するには、税務署の職員だけで対応することは困難でした。そこで、市長の推薦を受けた民間の専門家が、税務署長の嘱託を受ける形で「土地調査員」として全国の税務署に配置され、土地台帳や家屋台帳の調査・整理を行うようになりました。この土地調査員が現在の土地家屋調査士のルーツとされています。

土地調査員の業務内容は所有者からの異動申告書のチェックに始まり、その代理作成、筆界確認や現地測量、登記簿と台帳が符合しない場合の沿革調査など、多岐に渡っていました。しかし、当時は司法書士、測量士、市役所の土地係などの本業を持つ者が傍らに行うことが多く、独立した職業として認識されていませんでした。したがって、法制度によって専門的知識やその能力が担保された職業ではなかったといえます。

② 土地家屋調査士の時代

昭和時代に入り、土地調査員に国家資格を与える運動も行われましたが、第二次世界大戦の激化とともに中止のやむなきに至っています。そして、第二次世界大戦の敗戦により日本の法律体系は根本的に改定されることとなりました。税法においても従来の地租は国税から地方税に移管されることになり、これが現在の固定資産税の始まりとなっています。当時、不動産の売買や担保設定に伴う権利の変動は、不動産登記制度に基づき各地の登記所（法務局または地方法務局）で管理されていました。他方、地租や家屋税を徴収するために必要な事項は土地台帳と家屋台帳に記載され、税務署で管理されていました。しかし、不動産の権利変動に関する登記に際し、実務的には土地台帳・家屋台帳に登録された事項を、その不動産の事実関係を示す基礎情報として取り扱っており、いわば両者が密接に関連して不動産の登記行政が行われていました。そのような中、地租が国税から地方税に移管されたことに伴い、税務署が土地台帳や家屋台帳を取り扱う理由もなくなりました。そこで、不動産登記を取り扱い、最も業務上の関連が深い登記所にその管理が統合されることになりました。これには、土地台帳・家屋台帳と不動産登記との間に介在する手続きを簡素化する狙いもありました。この統合により、従来、土地台帳・家屋台帳への登録のために行われていた不動産の調査や測量と、登記の基礎となる不動産の物理的状況の申請が密接に関わることになりました。徴税のために行われていた不動産の調査や測量が、国民が所有する不動産の権利の客体を明確にするという役割を担うことになったといえます。これにより、土地や建物の表示に関する登記申請を行うためのいわば基礎作業として、その調査や測量には、より正確性が求められることになりました。そこで、このような業務に関する専門家が必要とされ、登記所に対する土地台帳・家屋台帳の登録について登記・調査・測量を行う専門家として1950年（昭和25年）に土地家屋調査士の制度が法制化されました。その後、1960年（昭和35年）の改正により、土地台帳の情報は土地登記簿の表題部に、家屋台帳の情報は建物登記簿の表題部に引き継がれています。その後、2020年(令和２年)に第１条が法律の目的規定から土地家屋調査士の使命規定に変更されるなど、数度の改正を経て現在の土地家屋調査士法に至っています。

③　土地家屋調査士業務の沿革

このように、土地家屋調査士の業務は、国税であった地租の適正な徴税を図るための土地台帳・家屋台帳の調査や整備を、その出発点としています。そして、第二次世界大戦後における地租の地方税化に伴う土地台帳・家屋台帳の登記所への移管により、不動産の物理的状況を正確に登録することを通じ、国民が不動産取引をする際の客体を明確にするという役割に移行してきました。税務行政のための不動産情報の管理業務から、不動産に関する国民の権利を明確にするための業務に移行したといえるでしょう。このような経緯から、土地家屋調査士の業務は不動産の「表示」に関する登記・調査・測量を中心とし、筆界特定の手続きや筆界に関する一定の民間紛争の解決手続きの代理などを業務範囲とするに至っています。(図表⑫)

図表⑫　士業の歴史

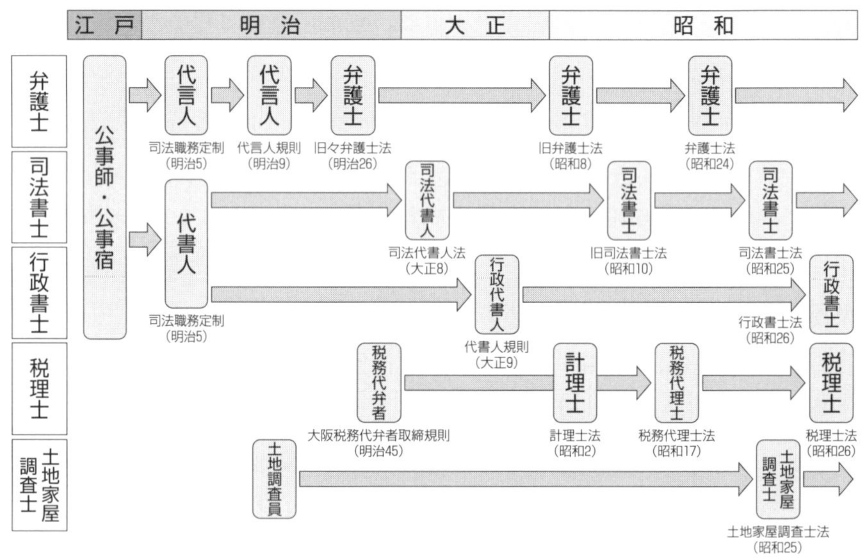

(8)　相続業務における各士業の業務範囲と独占業務

各士業の歴史を踏まえ、ここからは、現在の各士業の業務範囲と独占業務に関する条文を確認していきます。

① 弁護士法

ⅰ. 弁護士の業務範囲

（弁護士の職務）

第三条　弁護士は、当事者その他関係人の依頼又は官公署の委嘱によつて、訴訟事件、非訟事件及び審査請求、再調査の請求、再審査請求等行政庁に対する不服申立事件に関する行為その他一般の法律事務を行うことを職務とする。

2　弁護士は、当然、弁理士及び税理士の事務を行うことができる。

概　要

弁護士は、訴訟事件における訴訟代理はもちろんのこと、法律事務の全般を業務としています。したがって、相続業務においても原則としてオールマイティーに業務を行うことができます。相続税申告などの税理士業務も行うことができますが、一般的に税理士よりも相続税申告の実務に精通した弁護士は少ないでしょう。業務として行うことができることと専門性があることは別だということです。司法書士が行う、不動産の名義を被相続人から承継者に変更するための登記、いわゆる相続登記や土地家屋調査士が行う表題部に関する登記なども同様のことがいえるでしょう。

解　説

➢ 当事者その他関係人の依頼

弁護士と当事者の関係は、一般的には委任関係となります。委任契約は当事者のみならず、親族等の関係者との契約であっても成立します。そのため「その他関係人の依頼」とされています。

➢ 官公署の委嘱

官公署からの委嘱として代表的なものは国選弁護人です。国選弁護人は、貧困その他の事由によって弁護人を付けることができない被告人・被疑者のために国が付ける弁護人をいいます。

➢ **訴訟事件に関する行為**

訴訟事件とは、民事、刑事、行政等の訴訟として裁判所に属するものをいいます。訴訟事件に関する業務は歴史的に見ても弁護士の本来的な業務といえます。

➢ **非訟事件に関する行為**

非訟事件とは、一般的に裁判所がその裁量によって一定の法律関係を形成する事件をいいます。非訟事件の例としては後見開始の審判や遺産分割に関する審判、相続放棄に関する審判などがあります。

➢ **審査請求、再調査の請求、再審査請求等行政庁に対する不服申立事件に関する行為**

「審査請求、再調査の請求、再審査請求」は行政不服審査法に定める不服申立ての例示であり、それのみならず行政庁に対する不服申立ては広く弁護士業務となります。例えば、税務調査による税務署の処分に不服がある場合、税理士は税務署に対し、再調査の請求や国税不服審判所へ審査請求などの不服申立てについて代理をすることができますが、弁護士も当然にその業務を行うことができます。

➢ **その他一般の法律事務**

1933年（昭和８年）の弁護士法の改正により弁護士の業務範囲が裁判所外の活動まで拡張され、「その他一般の法律事務」が弁護士の業務に加えられました。これにより、法律事務の全般が弁護士の業務範囲とされました。相続業務においても、相続に関する法律相談や遺言書の作成、遺産分割協議書の作成や相続争いに関する訴訟代理人など、相続に関する様々な法律事務を行うことができます。

➢ **弁理士及び税理士業務**

弁護士は、法律事務の全般を業務範囲とすることから、弁理士業務及び税理士業務についても行うことができることになっています。また、条文中の「当然」という文言から、何らの手続きを経ることなく両業務を行うことができることになります。しかし、税理士業務については税理士法第51条第1項において「弁護士は、所属弁護士会を経て、国税局長に通知することにより、その国税局の管轄区域内において、随時、税理士業務を行うことができる。」と定められています。したがって、弁護士が税理士業務を行う場合には、実務上の対応として税理士法第18条に規定する税理士登録をするか、または同法第51条第1項の国税局長への通知が必要となります。

ii．弁護士の独占業務

（非弁護士の法律事務の取扱い等の禁止）

第七十二条　弁護士又は弁護士法人でない者は、報酬を得る目的で訴訟事件、非訟事件及び審査請求、再調査の請求、再審査請求等行政庁に対する不服申立事件その他一般の法律事件に関して鑑定、代理、仲裁若しくは和解その他の法律事務を取り扱い、又はこれらの周旋をすることを業とすることができない。ただし、この法律又は他の法律に別段の定めがある場合は、この限りでない。

概　要

弁護士の独占業務は「非弁護士の法律事務の取扱い等の禁止」として弁護士法第72条に規定されています。弁護士又は弁護士法人でない者、すなわち「非弁護士」が法律事務を取り扱うこと、及び非弁護士がそのような業務を周旋することを禁止しています。その要件として、報酬を得る目的で、かつ業として行う場合に限定しています。ただし、弁護士法又は他の法律に例外規定がある場合は、本条による規制の対象外とされています。

本条の立法趣旨は次のように判示されています。（最高裁判所大法廷判

決昭和46年７月14日刑集第25巻５号690頁）

「弁護士は、基本的人権の擁護と社会正義の実現を使命とし、ひろく法律事務を行なうことをその職務とするものであつて、そのために弁護士法には厳格な資格要件が設けられ、かつ、その職務の誠実適正な遂行のため必要な規律に服すべきものとされるなど、諸般の措置が講ぜられているのであるが、世上には、このような資格もなく、なんらの規律にも服しない者が、みずからの利益のため、みだりに他人の法律事件に介入することを業とするような例もないではなく、これを放置するときは、当事者その他の関係人らの利益をそこね、法律生活の公正かつ円滑ないとなみを妨げ、ひいては法律秩序を害することになるので、同条は、かかる行為を禁圧するために設けられたものと考えられるのである。しかし、右のような弊害の防止のためには、私利をはかつてみだりに他人の法律事件に介入することを反復するような行為を取り締まれば足りるのであつて、同条は、たまたま、縁故者が紛争解決に関与するとか、知人のため好意で弁護士を紹介するとか、社会生活上当然の相互扶助的協力をもつて目すべき行為までも取締りの対象とするものではない。」

つまり、本条の目的は弁護士制度の維持・確立に限定されず、あくまで国民の利益のために、国民が法律生活を公正かつ円滑に営めるよう、法律秩序を維持するために定められています。

また、本条は第二次世界大戦後の1949年（昭和24年）に弁護士法が改正された際に弁護士法中に取り込まれたものです。それ以前は1933年（昭和８年）に制定された「法律事務取扱ノ取締ニ関スル法律」の第１条に以下のように規定されており、現在の条文はその条文構成を踏襲しています。

第一条　弁護士ニ非ザル者ハ報酬ヲ得ル目的ヲ以テ他人間ノ訴訟事件ニ関シ又ハ他人間ノ非訟事件ノ紛議ニ関シ鑑定、代理、仲裁若ハ和解ヲ為シ又ハ此等ノ周旋ヲ為スヲ業トスルコトヲ得ズ但シ正当ノ業務ニ附随シテ

為ス場合ハ此ノ限ニ在ラズ

解　説

➢ 弁護士又は弁護士法人でない者

本条は、弁護士又は弁護士法人でない者、すなわち「非弁護士」を規制の対象とするものであり、第3条の主体が「弁護士」である点において対をなしています。したがって、本条において弁護士又は弁護士法人は規制の対象ではありません。

➢ 報酬を得る目的

本条は報酬を得る目的がある場合に限って適用されます。法律知識について何らの担保もされていない者にもかかわらず報酬を得ようとすること自体が不当であり、また、不当に高額な報酬を請求することを防止するという趣旨から、報酬を得る目的がある場合に限って処罰の対象としています。ただし、報酬は金銭に限らず、物品や供応の提供も含まれ、額の多少や名称の如何も問いません。あくまで実質で判断されます。また、必ずしも事前に報酬の支払いについて契約されていた場合に限らず、通例に従ってその支払いを予期していたような場合も含まれます。

➢ 訴訟事件

訴訟事件とは、民事、刑事、行政等の訴訟として裁判所に属するものをいいます。

➢ 非訟事件

非訟事件とは、一般的に裁判所がその裁量によって一定の法律関係を形成する事件をいいます。

➢ 審査請求、再調査の請求、再審査請求等行政庁に対する不服申立事件

行政不服審査法に定める不服申立ての例示であり、それのみならず行政庁に対する不服申立てが広く含まれます。

➤ その他一般の法律事件

「法律事件」の意義について、判例の多くは「法律上の権利義務に関して争いや疑義があり、又は新たな権利義務関係の発生する案件」との見解を採用しています。（東京高裁判決昭和39年９月29日高刑集第17巻６号597頁、札幌高裁判決昭和46年11月30日刑月３巻11号1456頁など）この「その他一般の法律事件」という包括的な類型は、前掲の「法律事務取扱ノ取締ニ関スル法律」にはない文言であり、弁護士法中に取り込むにあたって新たに採用されたものです。

「一般の法律事件」の意義に関しては、本条が訴訟事件や非訟事件を例示していることから、一般の法律事件も「事件」と呼ばれている案件及びこれと同程度に法律関係に争いがあって「事件」と表現されうる案件でなければならないとする見解があります。本条の適用に関し、いわゆる「事件性」が必要であるとする見解です。このような見解を一般的に「事件性必要説」といいます。この見解に立てば、事件性のない案件についての法律事務を取り扱うことは、本条違反に該当しないことになります。これに対し、本条の趣旨は非弁護士の活動一切を禁止するものであり、「一般の法律事件」について事件性の要件は必要ないという見解もあります。このような見解を一般的に「事件性不要説」といいます。この「事件性要件の要否」に関しては、様々な見解があり、相続業務における業際を考えるうえで非常に重要な論点となるため、詳しくは第３章で判例とともに後述します。

➤ 鑑定、代理、仲裁若しくは和解

「法律事務」の例示として以下の４つの事務が挙げられています。

鑑定…法律上の専門的知識に基づいて法律的意見を述べること

代理…当事者に代わり当事者の名において法律事件を処理すること

仲裁…当事者間の紛争を仲裁判断することによって解決すること

和解…争っている当事者双方に譲歩を求めて争いをやめさせること

➢ その他の法律事務

「法律事務」の意義については、「法律上の効果を発生変更する事項の処理を指す」と判示されています。（東京高裁判決昭和39年９月29日高刑集第17巻６号597頁）なお、それのみにとどまらず「確定した事項を契約書にする行為のように、法律上の効果を発生・変更するものではないが、法律上の効果を保全・明確化する事項の処理も法律事務と解される」（『条解弁護士法　第５版』日本弁護士連合会調査室　編著）との見解があります。

➢ これらの周旋をすること

法律事件に関する法律事務を周旋することです。「周旋」の意義については、「申込を受けて訴訟事件の当事者と訴訟代理人との間に介在し、両者間における委任関係成立のための便宜をはかり、其の成立を容易ならしめる行為を指称し、必ずしも委任関係成立の場にあつて直接之に関与介入するの要はない」と判示されています。（名古屋高裁金沢支部判決昭和34年２月19日下刑集１巻２号308頁）

➢ 業とする

「業とする」の意義については「反復的に又は反復継続の意思をもつて法律事務の取扱等をし、それが業務性を帯びるにいたつた場合をさす」（最高裁判決昭和50年４月４日民集第29巻４号317頁）と判示されています。また、他の職業に従事することがあっても該当し、反復継続の意思が認められれば、具体的になされた行為の多少も問わないとされています。

➢ この法律又は他の法律に別段の定めがある場合

2003年（平成15年）の改正によって「他の法律に別段の定めがある場合」との文言が付け加えられました。それ以前にはそのような記載はなく、単に「この法律に別段の定めがある場合」とされていました。しかし、それでは弁護士法以外の法律に定められている法律事務を伴う業務は原則的に本条違反ということになってしまいます。そこで、弁護士法以外の法律が業務として認めているものについては本条違反にはならないことを明らかにするために規定されています。これにより、税理士法に定める税理士業務や、司法書士法に定める司法書士業務などが本条による規制の対象外となります。なお、「この法律」とは弁護士法を指しますが、現在の弁護士法には「別段の定め」はありません。

② 司法書士法

ｉ．司法書士の業務範囲

（業務）

第三条　司法書士は、この法律の定めるところにより、他人の依頼を受けて、次に掲げる事務を行うことを業とする。

一　登記又は供託に関する手続について代理すること。

二　法務局又は地方法務局に提出し、又は提供する書類又は電磁的記録（電子的方式、磁気的方式その他人の知覚によつては認識することができない方式で作られる記録であつて、電子計算機による情報処理の用に供されるものをいう。第四号において同じ。）を作成すること。ただし、同号に掲げる事務を除く。

三　法務局又は地方法務局の長に対する登記又は供託に関する審査請求の手続について代理すること。

四　裁判所若しくは検察庁に提出する書類又は筆界特定の手続（不動産登記法（平成十六年法律第百二十三号）第六章第二節の規定による筆界特定の手続又は筆界特定の申請の却下に関する審査請求の手続をいう。第八号において同じ。）において法務局若しくは地方法務局に提出し若しくは提供する書類若しくは電磁的記録を作成すること。

五　前各号の事務について相談に応ずること。

六　簡易裁判所における次に掲げる手続について代理すること。ただし、上訴の提起（自ら代理人として手続に関与している事件の判決、決定又は命令に係るものを除く。）、再審及び強制執行に関する事項（ホに掲げる手続を除く。）については、代理することができない。

イ　民事訴訟法（平成八年法律第百九号）の規定による手続（ロに規定する手続及び訴えの提起前における証拠保全手続を除く。）であつて、訴訟の目的の価額が裁判所法（昭和二十二年法律第五十九号）第三十三条第一項第一号に定める額を超えないもの

ロ　民事訴訟法第二百七十五条の規定による和解の手続又は同法第七編の規定による支払督促の手続であつて、請求の目的の価額が裁判所法第三十三条第一項第一号に定める額を超えないもの

ハ　民事訴訟法第二編第四章第七節の規定による訴えの提起前における証拠保全手続又は民事保全法（平成元年法律第九十一号）の規定による手続であつて、本案の訴訟の目的の価額が裁判所法第三十三条第一項第一号に定める額を超えないもの

ニ　民事調停法（昭和二十六年法律第二百二十二号）の規定による手続であつて、調停を求める事項の価額が裁判所法第三十三条第一項第一号に定める額を超えないもの

ホ　民事執行法（昭和五十四年法律第四号）第二章第二節第四款第二目の規定による少額訴訟債権執行の手続であつて、請求の価額が裁判所法第三十三条第一項第一号に定める額を超えないもの

七　民事に関する紛争（簡易裁判所における民事訴訟法の規定による訴訟手続の対象となるものに限る。）であつて紛争の目的の価額が裁判所法第三十三条第一項第一号に定める額を超えないものについて、相談に応じ、又は仲裁事件の手続若しくは裁判外の和解について代理すること。

八　筆界特定の手続であつて対象土地（不動産登記法第百二十三条第三号に規定する対象土地をいう。）の価額として法務省令で定める方法により算定される額の合計額の二分の一に相当する額に筆界特定によ

つて通常得られることとなる利益の割合として法務省令で定める割合を乗じて得た額が裁判所法第三十三条第一号に定める額を超えないものについて、相談に応じ、又は代理すること。

2　前項第六号から第八号までに規定する業務（以下「簡裁訴訟代理等関係業務」という。）は、次のいずれにも該当する司法書士に限り、行うことができる。

一　簡裁訴訟代理等関係業務について法務省令で定める法人が実施する研修であつて法務大臣が指定するものの課程を修了した者であること。

二　前号に規定する者の申請に基づき法務大臣が簡裁訴訟代理等関係業務を行うのに必要な能力を有すると認定した者であること。

三　司法書士会の会員であること。

（略）

8　司法書士は、第一項に規定する業務であつても、その業務を行うことが他の法律において制限されているものについては、これを行うことができない。

概　要

司法書士の業務は司法書士法第３条に規定されています。このうち、第１項１号から５号まではすべての司法書士が行うことができる業務であり、同項６号から８号については第２項に規定される法務大臣が指定する研修を修了した一定の司法書士が行うことができる業務（「簡裁訴訟代理等関係業務」といいます。）です。また、第１項１号から８号に規定する業務であっても司法書士が行うことが制限される業務について、第８項において規定されています。

解　説

➢ 登記又は供託に関する手続の代理（第１項１号）

「登記」には不動産の登記や法人の商業登記をはじめ、様々な登記が含まれますが、相続業務の協業においては、不動産の名義を被相続人から承継者に変更するための登記、いわゆる相続登記に関する手続きの代理が、司法書士の中心的な業務となります。なお、「供託」とは金銭、有価証券、物品などの財産を供託所（法務局）に保管してもらい、供託所を通じてその財産を受けとる権利のある者に受けとらせることによって法律上の目的を達成しようとする制度です。例えば、賃貸不動産の所有者に相続が発生し、相続人が不明な場合に、賃借人は賃料を供託することによって賃料の支払債務を逃れることができます。

➢ 法務局又は地方法務局に提出する書類の作成（第１項２号）

不動産登記の申請情報を記載した書面、登記原因を証する情報を記載した書面、代理権限証書などが該当します。具体的には所有権移転登記申請書、登記原因証明情報、登記原因証明情報としての遺産分割協議書、委任状などがあります。なお、筆界特定の手続きにおける書類や電磁的記録の作成については第１項４号において定められているため、第１項２号における業務から除外されています。

➢ 登記又は供託に関する審査請求の手続の代理（第１項３号）

司法書士は、登記・供託に関する手続きについて代理することを業務とすると同時に、登記・供託に関する審査請求についても代理することができる旨が明示されています。

➢ 裁判所若しくは検察庁に提出する書類の作成（第１項４号）

裁判所・検察庁に提出する書類を作成する業務は、歴史的に見れば司法書士の本来的な業務といえるでしょう。相続業務において裁判所に提出が必要となる書類としては、遺産分割協議において相続人が未成年である場合に、その未成年者の特別代理人の選任を家庭裁判所に申し立てる際の申立書などがあります。また、相続人が相続放棄を行う場合の申述書も家庭裁判所に提出する書類になります。なお、「裁判所」には最高裁判所、高等裁判所、地方裁判所、家庭裁判所及び簡易裁判所が含まれます。また、事件の種類に制限はありません。したがって、民事事件、刑事事件、家事事件などのすべての事件について、上記の裁判所に提出する書類の作成をすることができます。

検察庁に提出する書類としては告訴状、告発状などがあります。ここでいう「検察庁」には最高検察庁、高等検察庁、地方検察庁、区検察庁が含まれます。

➢ 筆界特定の手続において法務局若しくは地方法務局に提出する書類の作成（第１項４号）

土地の所有権の登記名義人等は、筆界特定登記官に対し、所有する土地とこれに隣接する他の土地との筆界について、筆界特定の申請をすることができます。法務局または地方法務局に提出する書類としては、筆界特定申請書、筆界確認書、現況測量図や筆界特定の対象となる筆界についての意見書などがあります。

➢ 前各号の事務について相談に応ずること（第１項５号）

司法書士は、登記手続きの代理や法務局に提出する書類の作成など、第１項１号から４号までの各号の事務について相談に応じることを業務として行うことができます。したがって、相談に応じた結果、仮に登記申請等の受任に至らなかった場合でも、相談料として報酬を請求することができます。なお、ここにいう「相談」は、書類作成等において依頼者の趣旨を正確に把握した上で整理し、それを法律的に間違いがないように書類等に表現するために必要な範囲内での「相談」と考えられます。したがって、その範囲を超えて他人間の紛争に立ち入って法律的な意見を述べることや、自分でその紛争を解決しようとするというようなことは、司法書士の業務範囲を超えたものになります。

➢ **簡易裁判所における訴訟等の手続の代理（第１項６号）**

簡易裁判所における訴訟等で、かつ、訴訟の目的等の価額が140万円以下のものについては、弁護士のみならず司法書士も代理業務を行うことが認められています。司法書士に与えられる権限の範囲内においては、司法書士も弁護士と同様の権限を持つため、国民の選択肢が増え、司法制度に対する利便性が向上することになります。

➢ **民事に関する紛争に関する相談等（第１項７号）**

家庭裁判所の訴訟手続きの対象となる民事に関する紛争で、訴訟の目的等の価額が140万円以下のものについての相談に応じ、又は仲裁事件の手続・裁判外の和解について代理業務を行うことが認められています。

➢ **筆界特定の手続についての代理等（第１項８号）**

一定の筆界特定の手続きについて、相談に応じ、又は代理することが認められています。

➢ **他の法律における制限（第８項）**

第１項に規定されている業務であっても、他の法律により制限がされているものは司法書士が行うことはできません。ここにいう「他の法律」には、例えば土地家屋調査士法が該当します。司法書士は、第１項１号により登記に関する手続きについて代理をすることができます。しかし、表示に関する登記については土地家屋調査士法第68条第１項により土地家屋調査士の独占業務とされており、司法書士であってもこれを行うことはできません。

（業務の範囲）

第二十九条　司法書士法人は、第三条第一項第一号から第五号までに規定する業務を行うほか、定款で定めるところにより、次に掲げる業務を行うことができる。

一　法令等に基づきすべての司法書士が行うことができるものとして法務省令で定める業務の全部又は一部

二　（以下略）

【司法書士法施行規則】

（司法書士法人の業務の範囲）

第三十一条　法第二十九条第一項第一号の法務省令で定める業務は、次の各号に掲げるものとする。

一　当事者その他関係人の依頼又は官公署の委嘱により、管財人、管理人その他これらに類する地位に就き、他人の事業の経営、他人の財産の管理若しくは処分を行う業務又はこれらの業務を行う者を代理し、若しくは補助する業務

二　当事者その他関係人の依頼又は官公署の委嘱により、後見人、保佐人、補助人、監督委員その他これらに類する地位に就き、他人の法律行為について、代理、同意若しくは取消しを行う業務又はこれらの業務を行う者を監督する業務

（略）

五　法第三条第一項第一号から第五号まで及び前各号に掲げる業務に附帯し、又は密接に関連する業務

概　要

司法書士の業務は司法書士法第29条及び同条より委任を受けた司法書士法施行規則第31条にも規定されています。司法書士は司法書士法第３条に規定する業務のほか、他の法律において規制されていない業務を付帯的に

行うことができます。司法書士法人も同様と考えることができますが、司法書士法人は制度上、定款に定めた業務しか行うことができないため、司法書士法人についても同様の業務ができるよう、同法第29条に規定されたものです。その業務内容について、あえて法律ではなく法務省令に委任した理由は、将来における司法書士法人に対するニーズの変化に迅速かつ柔軟に対応するためです。司法書士法施行規則第31条は司法書士法人の業務を定めた規定ですが、当然ながらその業務は、司法書士法人に限らず、すべての司法書士が行うことができます。

解　説

➢ 法令等に基づきすべての司法書士が行うことができるもの

ここにいう「法令等」とは、法律・条令などのいわゆる「法令」に限らず、慣習法、各士業団体の会則・会規などを含む広い意味で用いられています。したがって、その業務内容に特段の制限はありません。

➢ 管財人、管理人その他これらに類する地位

ここに規定する、いわゆる財産管理業務を行うにあたっては、管財人・管理人など、包括的に財産を管理処分する地位に就くことが要件となっています。したがって、相続人全員から包括的な相続財産管理人としての業務の依頼を受けたような場合には、本条の業務に該当することになります。

➢ 他人の事業の経営、他人の財産の管理若しくは処分を行う業務

相続業務においては、遺言執行や遺産整理が該当します。司法書士が一連の相続財産管理業務の包括的な受任者になり、相続関係説明図の作成や金融機関における解約の手続き、不動産の名義変更、遺産分割協議書の作成などを行います。また、事業承継の場面においては、後継者への自社株の移転や事業用財産の集約、企業法務のサポートを包括的に行う業務などが該当します。

➢ 後見人、保佐人、補助人、監督委員その他これらに類する地位

司法書士が従来から行ってきた成年後見業務について、司法書士の付帯業務として明文化されています。これにより、成年後見業務は、「司法書士の資格を持つ個人」の業務ではなく、「司法書士」の業務であることが明確になりました。

なお、同様の規定が弁護士法第30条の５及び同条より委任を受けた「弁護士法人、外国法事務弁護士法人及び弁護士・外国法事務弁護士共同法人の業務及び会計帳簿等に関する規則」第１条にも規定されています。これは、これらに規定された業務が、弁護士法第３条の弁護士業務には含まれないとの解釈に基づくものと考えられます。そうすると、全く同じ文言で表されている司法書士法施行規則第31条第１項に規定する財産管理業務や、同条第２項に規定する成年後見業務についても、弁護士法第３条の弁護士業務には含まれないということになります。したがって、紛争性がない案件であることを前提として、相続財産管理業務は、弁護士法第72条による制約を受けない業務であるとの結論が導かれることになります。

【弁護士法】

> **（業務の範囲）**
> 第三十条の五　弁護士法人は、第三条に規定する業務を行うほか、定款で定めるところにより、法令等に基づき弁護士が行うことができるものとして法務省令で定める業務の全部又は一部を行うことができる。

【弁護士法人、外国法事務弁護士法人及び弁護士・外国法事務弁護士共同法人の業務及び会計帳簿等に関する規則】

（弁護士法人の業務の範囲）

第一条　弁護士法（以下「法」という。）第三十条の五に規定する法務省令で定める業務は、次の各号に掲げるものとする。

一　当事者その他関係人の依頼又は官公署の委嘱により、管財人、管理人その他これらに類する地位に就き、他人の事業の経営、他人の財産の管理若しくは処分を行う業務又はこれらの業務を行う者を代理し、若しくは補助する業務

二　当事者その他関係人の依頼又は官公署の委嘱により、後見人、保佐人、補助人、監督委員その他これらに類する地位に就き、他人の法律行為について、代理、同意若しくは取消しを行う業務又はこれらの業務を行う者を監督する業務

（略）

五　法律事務に附帯し、又は密接に関連する業務

ⅱ．司法書士の独占業務

（非司法書士等の取締り）

第七十三条　司法書士会に入会している司法書士又は司法書士法人でない者（協会を除く。）は、第三条第一項第一号から第五号までに規定する業務を行つてはならない。ただし、他の法律に別段の定めがある場合は、この限りでない。

2　（以下略）

概　要

司法書士の独占業務は、「非司法書士等の取締り」として司法書士法第73条に規定されています。なお、独占が認められる業務は第３条第１項１号から５号までに規定する業務であり、同項６号から８号に規定する簡裁訴訟代理等関係業務は対象とされていません。これは、簡裁訴訟代理等関係業務はそもそも弁護士業務であり、弁護士法第72条（非弁護士の法律事務の取扱い等の禁止）の例外として認められるもので、司法書士の独占業務ではないからです。したがって、簡裁訴訟代理等関係業務についての規制は弁護士法第72条によって行われることになります。

解　説

➢ 司法書士会に入会している司法書士又は司法書士法人でない者

司法書士でない者又は司法書士法人でない者はもとより、司法書士や司法書士法人であっても司法書士会に入会していない者は取り締まりの対象となっています。これは、司法書士会に入会していない司法書士又は司法書士法人は、司法書士会の会則が適用されず、司法書士会からの指導も受けないことになるため、適正に司法書士業務を行うことが期待できないと考えられるためです。

➢ 協会を除く

ここにいう「協会」とは公共嘱託登記司法書士協会を指します。協会は司法書士法第69条により、官公署等の嘱託を受けて、不動産の権利に関する登記につき第３条第１項１号から５号までに掲げる事務を行うことをその業務とするため、本条の対象から除かれています。

➢ 第三条第一項第一号から第五号までに規定する業務

「業務」とは反復継続の意思を持って同号に掲げる事務を行うことをいうため、反復継続の意思があれば報酬を得る目的であるかどうかを問わず、無償であっても規制の対象となります。

➢ **他の法律に別段の定めがある場合**

土地家屋調査士法第3条第1項2号（不動産の表示登記の手続きの代理）、3号（不動産の表示登記について法務局へ提出する書類の作成）、5号（筆界特定の手続きについて法務局へ提出する書類の作成）、及び6号（これらの事務についての相談）が該当します。また、弁護士法第3条（弁護士の職務）も「他の法律における別段の定め」に該当すると考えられます。したがって、弁護士は「一般の法律事務」として登記に関する手続きの代理業務などを行うことができます。

③ 行政書士法

ｉ．行政書士の業務範囲

（業務）

第一条の二　行政書士は、他人の依頼を受け報酬を得て、官公署に提出する書類（その作成に代えて電磁的記録（電子的方式、磁気的方式その他人の知覚によつては認識することができない方式で作られる記録であつて、電子計算機による情報処理の用に供されるものをいう。以下同じ。）を作成する場合における当該電磁的記録を含む。以下この条及び次条において同じ。）その他権利義務又は事実証明に関する書類（実地調査に基づく図面類を含む。）を作成することを業とする。

2　行政書士は、前項の書類の作成であつても、その業務を行うことが他の法律において制限されているものについては、業務を行うことができない。

概　要

行政書士の業務は、行政書士法第1条の2及び第1条の3に規定されています。そのうち、第１条の２第１項においては、①官公署に提出する書類の作成、②権利義務に関する書類の作成、③事実証明に関する書類の作成という行政書士の独占業務が定められています。1920年（大正９年）に定められた代書人規則において、代書人は「他ノ法律ニ依ラスシテ他人ノ嘱託ヲ受ケ官公署ニ提出スヘキ書類其ノ他権利義務又ハ事実証明ニ関スル書類ノ作成ヲ業トスル者」と規定されており、第１条の２第１項はその内容をほぼ踏襲する形となっています。したがって、①官公署に提出する書類の作成、②権利義務に関する書類の作成、③事実証明に関する書類の作成は、歴史的に見ても行政書士の本来的な業務といえます。また、同条第２項において、第１項に規定する業務であっても行政書士が行うことが制限される業務について規定されています。

解　説

➢ 報酬を得て

行政書士が、書類作成による対価の支払いを受けることを指します。なお、個々の業務についての対価が無償であっても、年会費等で実質的に対価の支払いを受けているような場合も報酬を得ることに該当すると考えられています。

➢ 官公署に提出する書類

「官公署」とは国又は地方公共団体の諸機関の事務所を意味し、各省庁、都道府県庁、市役所、区役所、警察署などが該当します。また、行政機関のみならず、裁判所や法務局、税務署も含まれることになります。また、官公署に提出する書類であれば、第２項において制限されるもの以外の書類の作成はすべて行政書士の業務の対象となっています。したがって、「権利義務に関する書類」や「事実証明に関する書類」に該当しない書類の作成も、官公署に提出する書類であれば業務範囲に含まれます。

➢ 権利義務に関する書類

「権利義務に関する書類」とは、権利の発生、存続、変更、消滅の効果を生じさせる意思表示を内容とする書類をいいます。例えば、遺産分割協議書や贈与契約書、売買契約書、賃貸借契約書などが該当します。

➢ 事実証明に関する書類

「事実証明に関する書類」とは、実生活において交渉が必要な事項について、その事項を証明するに足りる書類をいいます。例えば、相続関係説明図、財産目録、不動産の現況平面図などが該当します。なお、「事実証明に関する書類」に該当するかどうかを争点とした最高裁判決において、「個人の鑑賞ないし記念のための品」として作成された家系図は「事実証明に関する書類」に該当しないとされています。詳しくは判決とともに第3章で後述します。

➢ 実地調査に基づく図面類

許可申請や届出書の添付書類としての図面類も「事実証明に関する書類」に該当するとして、従来から行われてきた業務を明文化しています。

➢ 業とする

反復継続の意思をもって行政書士として業務を行うことをいいます。反復継続の意思が認められれば、具体的になされた行為の多少も問わないと考えられます。

➢ 他の法律における制限

第1項に規定されている業務であっても、他の法律により制限がされているものは行政書士が行うことはできません。ここにいう「他の法律」には、弁護士法や司法書士法、税理士法、土地家屋調査士法などが該当します。ここでは行政書士が相続業務を行ううえで押さえておきたい各士業法のポイントを解説します。

（弁護士法）

弁護士法第72条において、弁護士又は弁護士法人でない者が一般の法律事件に関して法律事務を取り扱うことが禁止されています。この「法律事件」を、法律上の権利義務に関して争いや疑義があり、又は新たな権利義務関係の発生する案件とし、弁護士法第72条は一定の事件性を持ったものに限定して禁止していると考えれば、例えば遺産分割協議書の作成にあたり、すでに何らかの紛争性が発生している場合または今後発生することが予想される場合は、弁護士法第72条に抵触する可能性があります。逆に、何らの紛争性も予想されていないような場合は弁護士法第72条の禁止の対象外ということになります。

（司法書士法）

司法書士法第73条において、司法書士又は司法書士法人でない者が登記に関する手続きについて代理すること、裁判所に提出する書類を作成すること及びそれらの事務について相談に応じる業務を行うことが禁止されています。相続登記に関する手続きは官公署に提出する書類の作成という範囲においては行政書士業務になりますが、同条により司法書士の独占業務となります。また、遺産分割協議において相続人が未成年である場合は、その未成年者の特別代理人の選任を家庭裁判所に申し立てる必要があります。その場合の書類の作成業務も、同様に司法書士の独占業務となります。また、相続人が相続放棄を行う場合の手続きも、家庭裁判所に申述を行う必要があるため同様です。

（税理士法）

税理士法第52条において、税理士又は税理士法人でない者が税理士業務（租税に関する税務代理・税務書類の作成・税務相談）を行うことが禁止されています。税務署は官公署に含まれるため、官公署に提出する書類の作成という範囲においては税務書類の作成も行政書士業務になりますが、税理士法第52条により税理士の独占業務となります。ただし、税理士法上の「租税」の範囲からは印紙税、登録免許税、関税など一定の租税は除かれるため、これらの税目に関して官公署に提出する書類の作成は行政書士の業務となります。

（土地家屋調査士法）

土地家屋調査士法第68条において、土地家屋調査士又は土地家屋調査士法人でない者が、不動産の表示に関する登記の申請手続きについて代理すること及びその手続きについて法務局又は地方法務局に提出する書類を作成すること、また、それらの業務について相談に応じる業務を行うことを禁止しています。表示登記に関する手続きは、官公署に提出する書類の作成という範囲においては行政書士業務になりますが、同条により土地家屋調査士の独占業務となります。

第一条の三　行政書士は、前条に規定する業務のほか、他人の依頼を受け報酬を得て、次に掲げる事務を業とすることができる。ただし、他の法律においてその業務を行うことが制限されている事項については、この限りでない。

一　前条の規定により行政書士が作成することができる官公署に提出する書類を官公署に提出する手続及び当該官公署に提出する書類に係る許認可等（行政手続法（平成五年法律第八十八号）第二条第三号に規定する許認可等及び当該書類の受理をいう。次号において同じ。）に関して行われる聴聞又は弁明の機会の付与の手続その他の意見陳述のための手続において当該官公署に対してする行為（弁護士法（昭和二十四年法律第二百五号）第七十二条に規定する法律事件に関する法律事務に該当するものを除く。）について代理すること。

二　前条の規定により行政書士が作成した官公署に提出する書類に係る許認可等に関する審査請求、再調査の請求、再審査請求等行政庁に対する不服申立ての手続について代理し、及びその手続について官公署に提出する書類を作成すること。

三　前条の規定により行政書士が作成することができる契約その他に関する書類を代理人として作成すること。

四　前条の規定により行政書士が作成することができる書類の作成について相談に応ずること。

2　前項第二号に掲げる業務は、当該業務について日本行政書士会連合会がその会則で定めるところにより実施する研修の課程を修了した行政書士（以下「特定行政書士」という。）に限り、行うことができる。

概　要

行政書士の業務は、行政書士法第１条の２及び第１条の３に規定されています。そのうち、第１条の２に規定される業務は行政書士の独占業務とされ、この第１条の３において規定される業務は行政書士の独占業務とはされていません。したがって、他の法律においても規制されていない業務であれば、誰が行ってもよい業務ということになります。本条はそのような業務をあえて法定業務とすることにより、行政書士が行うことができる業務としてその範囲を明確にしています。依頼者からすれば、行政書士に依頼することにより、その業務について法定業務として行政書士法の規律が適用され、また、行政書士としての業務能力が担保されることになります。

解　説

➢ 官公署に提出する書類を官公署に提出する手続の代理（第１項１号）

第１条の２に規定する官公署への提出書類の作成のみならず、その書類を官公署へ提出する手続きについても代理することが認められています。これにより、例えば官公署の窓口において書類の不備等があった場合に、依頼者の意思確認をせずとも行政書士が代理人として訂正などを行うことができると解されています。

➢ 許認可等に関して行われる聴聞等における手続の代理（第１項１号）

許認可申請等に高い専門性を持つ行政書士が、依頼者にとっての不利益処分に対する聴聞等の手続きまで代理することにより、国民の利便に資することを目的として定められています。

➢ 許認可等に関する不服申立ての手続の代理・書類の作成（第１項２号）

許認可等に関する書類の作成から、官公署への提出手続き、聴聞等の手続きの代理にとどまらず、行政書士は許認可等に関する不服申立ての手続きについても代理することができます。本来は弁護士が取り扱う業務範囲となりますが、弁護士法第72条（非弁護士の法律事務の取扱い等の禁止）の別段の定めとして認められています。ただし、本業務は本条第２項に規定する研修を修了した行政書士に限り行うことができることになっています。

➢ 行政書士が作成することができる書類を代理人として作成すること（第１項３号）

第１条の２に規定する書類について、行政書士が代理人として作成することが認められています。この規定により、行政書士が契約書に代理人として署名し、文言の訂正などを行うことができることになります。なお、ここでいう「代理人として」とは、行政書士が依頼者との契約代理業務を行うことができるという意味ではありません。

➢ 行政書士が作成することができる書類の作成について相談に応ずること（第１項４号）

行政書士は、第１条の２に規定する書類の作成について相談に応じることを業務として行うことができます。したがって、相談に応じた結果、仮に受任に至らなかった場合でも、相談料として報酬を請求することができます。なお、ここにいう「相談」は、書類の作成において依頼者の趣旨を正確に把握した上で整理し、それを法律的に間違いがないように書類等に表現するために必要な範囲内での「相談」と考えられます。したがって、その範囲を超えて他人間の紛争に立ち入って法律的な意見を述べる、自分でその紛争を解決しようとするというような法律事務は、行政書士の業務範囲を超えたものになります。

ii. 行政書士の独占業務

（業務の制限）

第十九条　行政書士又は行政書士法人でない者は、業として第一条の二に規定する業務を行うことができない。ただし、他の法律に別段の定めがある場合及び定型的かつ容易に行えるものとして総務省令で定める手続について、当該手続に関し相当の経験又は能力を有する者として総務省令で定める者が電磁的記録を作成する場合は、この限りでない。

2　総務大臣は、前項に規定する総務省令を定めるときは、あらかじめ、当該手続に係る法令を所管する国務大臣の意見を聴くものとする。

概　要

行政書士の独占業務は、「業務の制限」として行政書士法第19条に規定されています。なお、独占が認められる業務は第１条の２に規定する業務であり、第１条の３に規定する業務は対象とされていません。また、第１条の３第２項に規定する、許認可等に関する不服申立てについての代理業務はそもそも弁護士業務であり、弁護士法第72条（非弁護士の法律事務の取扱い等の禁止）の例外として認められるもので、行政書士の独占業務ではありません。したがって、その規制は弁護士法第72条によって行われることになります。

解説

➢ 行政書士又は行政書士法人でない者

行政書士の資格所有者でない者はもとより、行政書士であっても行政書士名簿に登録されていない者は取り締まりの対象となっています。

➢ 業として

反復継続の意思をもって業務を行うことをいいます。反復継続の意思が認められれば、具体的になされた行為の多少も問わないと考えられます。

➢ 他の法律に別段の定めがある場合

ここにいう「他の法律」には、弁護士法や司法書士法、税理士法などが該当します。これらの法律に別段の定めとして規定される業務と行政書士法第１条の２における行政書士の独占業務は共同独占業務となります。例えば、いわゆる紛争性のない場合の遺産分割協議書の作成は､「権利義務に関する書類の作成」として行政書士の業務範囲となり、一方で、「一般の法律事務」として弁護士の業務範囲ともなります。また、遺産分割協議の対象に相続登記が必要な不動産がある場合は、「法務局又は地方法務局に提出する書類の作成」として司法書士の業務範囲ともなり得ます。

➢ 定型的かつ容易に行えるものとして総務省令で定める手続

総務省令には一般社団法人日本自動車販売協会連合会などが行う一定の手続きが定められています。

④　税理士法

ｉ．税理士の業務範囲

（税理士の業務）

第二条　税理士は、他人の求めに応じ、租税（印紙税、登録免許税、関税、法定外普通税（地方税法（昭和二十五年法律第二百二十六号）第十条の四第二項に規定する道府県法定外普通税及び市町村法定外普通税をいう。）、法定外目的税（同項に規定する法定外目的税をいう。）その他の政令で定めるものを除く。第四十九条の二第二項第十一号を除き、以下同じ。）に関し、次に掲げる事務を行うことを業とする。

一　税務代理（税務官公署（税関官署を除くものとし、国税不服審判所を含むものとする。以下同じ。）に対する租税に関する法令若しくは行政不服審査法（平成二十六年法律第六十八号）の規定に基づく申告、申請、請求若しくは不服申立て（これらに準ずるものとして政令で定める行為を含むものとし、酒税法（昭和二十八年法律第六号）第二章の規定に係る申告、申請及び審査請求を除くものとする。以下「申告等」という。）につき、又は当該申告等若しくは税務官公署の調査若しくは処分に関し税務官公署に対してする主張若しくは陳述につき、代理し、又は代行すること（次号の税務書類の作成にとどまるものを除く。）をいう。）

二　税務書類の作成（税務官公署に対する申告等に係る申告書、申請書、請求書、不服申立書その他租税に関する法令の規定に基づき、作成し、かつ、税務官公署に提出する書類（その作成に代えて電磁的記録（電子的方式、磁気的方式その他人の知覚によつては認識することができない方式で作られる記録であつて、電子計算機による情報処理の用に供されるものをいう。以下同じ。）を作成する場合における当該電磁的記録を含む。以下同じ。）で財務省令で定めるもの（以下「申告書等」という。）を作成することをいう。）

三　税務相談（税務官公署に対する申告等、第一号に規定する主張若しくは陳述又は申告書等の作成に関し、租税の課税標準等（国税通則法（昭和三十七年法律第六十六号）第二条第六号イからヘまでに掲げる事項及び地方税（特別法人事業税を含む。以下同じ。）に係るこれらに相当するものをいう。以下同じ。）の計算に関する事項について相談に応ずることをいう。）

2　税理士は、前項に規定する業務（以下「税理士業務」という。）のほか、税理士の名称を用いて、他人の求めに応じ、税理士業務に付随して、財務書類の作成、会計帳簿の記帳の代行その他財務に関する事務を業として行うことができる。ただし、他の法律においてその事務を業として行うことが制限されている事項については、この限りでない。

3　（略）

概　要

税理士の業務は税理士法第２条に規定されています。本条第１項において税理士の本来的な業務である租税に関する①税務代理、②税務書類の作成、③税務相談が規定され、本条第２項において付随業務としての財務書類の作成など、財務に関する業務が規定されています。相続業務の協業においては、相続や贈与に関する税務相談、生前の相続税対策、相続税申告が税理士の中心的な業務となります。なお、税理士法第２条の２において、裁判所における税理士の補佐人制度が規定されていますが、相続業務での協業に直接関係しないため、本書での解説は省略します。

解　説

➢ 税理士業務の対象となる租税

税理士は税務に関する専門家として、租税に関する法令に規定された納税義務の適正な実現を図ることを使命としています。したがって、その主旨からは税理士業務の対象となる租税は、原則として国税及び地方税のすべてということになります。しかし、税理士業務が独占業務であり、その範囲を必要最小限にとどめるべきとの考えから、税理士の援助を特に必要としないと認められる税目については、その対象から除外されています。なお、1980年（昭和55年）の改正前は、税理士業務の対象となる租税として、所得税、法人税、相続税などが限定列挙されていました。しかし、そのような規定では限定列挙されていない税目についての書類作成の業務は行政書士または弁護士の業務となり、税理士は税務に関する専門家としての職能を十分に果たせない状況でした。そこで、1980年（昭和55年）の改正により、原則としてすべての国税及び地方税が税理士業務の対象とされました。なお、そのような経緯から税理士法第51条の２において、一定の税務書類の作成については、行政書士または行政書士法人が業務として行うことができることとされています。

(参考)

（行政書士等が行う税務書類の作成）

第五十一条の二　行政書士又は行政書士法人は、それぞれ行政書士又は行政書士法人の名称を用いて、他人の求めに応じ、ゴルフ場利用税、自動車税、軽自動車税、事業所税その他政令で定める租税（※）に関し税務書類の作成を業として行うことができる。

（※）　石油ガス税、不動産取得税、道府県たばこ税（都たばこ税を含む。）、市町村たばこ税（特別区たばこ税を含む。）、特別土地保有税及び入湯税

➢ 法定外普通税

地方自治体は、地方税法に定める税目を普通税として課税することができます。例えば道府県における道府県民税や事業税、不動産取得税など、市町村における市町村民税や固定資産税などがこれにあたります。

その他に、条例により税目を新設して普通税を課税することもできます。これを法定外普通税といい、道府県で定めるものを道府県法定外普通税、市町村で定めるものを市町村法定外普通税といいます。

➢ 法定外目的税

あらかじめ使途を特定したうえで課税する租税のことを「目的税」といいます。地方税法に定められた目的税としては、道府県における狩猟税や市町村における都市計画税などがあります。法定外普通税と同様、地方自治体は条例により税目を新設して目的税を課税することもできます。これを法定外目的税といいます。

➢ その他政令により除かれる租税

本条文中の租税のほか、自動車重量税、電源開発促進税、国際観光旅客税、関税、とん税、特別とん税、狩猟税、都や特別区における法定外普通税・法定外目的税も税理士業務の対象から除かれています。

➢ 第四十九条の二第二項第十一号を除き

第49条の２第２項には税理士会の会則に記載しなければならない事項が列挙されており、同項11号に「租税に関する教育その他知識の普及及び啓発のための活動に関する規定」が挙げられています。本除外規定により、同号中の「租税」にはすべての国税及び地方税が含まれることになります。

➢ 業とする

「業とする」とは第２条第１項の事務を反復継続して行い、又は反復継続して行う意思をもって行うことをいい、必ずしも有償であることを要しないものとされています。ただし、法人の使用人が業務としてその法人の税務書類を作成するような場合や、国税や地方税の行政事務に従事する者が、その行政事務を遂行するために必要な限度において行う場合には、これに該当しないものとされています。

➢ 税務官公署（税関官署を除き、国税不服審判所を含む）

税務官公署には国税についての国税庁、国税局、税務署があり、地方税についての都道府県や市区町村の税務課などがあります。税関官署は関税などの賦課徴収を行う官公署であり、税務官公署に含まれることになります。しかし、税関官署に対する申告の代理業務等は通関士の業務範囲であることから､税理士法における税務官公署から除かれています。また、国税不服審判所は国税に関する処分について不服がある場合の審査請求に対する裁決を行う機関であり、厳密には税務官公署には該当しません。しかし、納税者の正当な権利救済を図る機関であり、その審査請求については税務の専門的な知識が必要とされることから、税務官公署に含まれています。

➢ 申告、申請、請求

申告…所得税、法人税、相続税などの税務申告

申請…所得税の青色申告承認申請、相続税の延納申請・物納申請、納税の猶予申請、災害による申告・納付等の期限延長申請など

請求…更正の請求など

➢ 不服申立て

行政不服審査法に定める不服申立ては「審査請求」を原則とし、審査請求の前に処分庁に対して行う「再調査の請求」や審査請求の裁決後に行政庁に対して行う「再審査請求」があります。

➢ これらに準ずるものとして政令で定める行為

届出、報告、申出、申立てその他これらに準ずる行為とされています。

➢ 酒税法第二章の規定に係る申告、申請及び審査請求を除く

酒類製造者等の相続があった場合の申告や、酒類の製造免許の申請などが該当します。これらは租税に関する事務ではないため、税務代理の範囲から除かれていると考えられます。

➢ 主張若しくは陳述

訴訟において「陳述」とは、自分の認識や判断を伝える行為をいい、特に自分に有利な内容の陳述を「主張」といいます。

➢ 代理し、又は代行すること

「代理」とは、代理人の権限内において依頼人のためにすることを示して申告、申請、請求又は不服申立てなどの法律行為を行うことをいいます。また、「代行」には事実の解明、陳述等の事実行為も含まれます。これは、例えば税務調査にあたっては、事実認定や法解釈の主張などの事実行為も重要な行為であり、これが税理士業務として認められなければ、納税者の信頼にこたえ、納税義務の適正な実現を図ることができないからです。したがって、税理士業務における「税務代理」には法律行為の「代理」にとどまらず、事実行為の「代行」も含まれます。

➢ 税務書類の作成

財務諸表は、法人税申告書等の添付書類として提出義務がありますが、そもそも租税に関する法令の規定に基づき作成される書類ではないため、法人税申告書等の添付書類として提出義務があるとしても、ここでいう税務書類の範囲には含まれていません。また、「作成する」とは、あくまで自己の判断に基づいて作成することをいい、単なる代書は含まれません。

➢ 財務省令で定めるもの

届出書、報告書、申出書、申立書、計算書、明細書その他これらに準ずる書類とされています。

➢ 租税の課税標準等の計算に関する事項

①課税標準、②課税標準から控除する金額、③純損失等の金額、④納付すべき金額、⑤還付金等の額に相当する金額、⑥納付すべき税額の計算上控除する金額又は還付金の額の計算の基礎となる税額、の計算に関する事項をいいます。

➢ 相談に応ずる

「相談に応ずる」とは、具体的な質問に対して答弁（質問に答えて説明すること）し、指示し又は意見を表明することをいいます。したがって、一般的な税法の解説や、税法セミナーなどにおいて仮定の事例に基づいて税額計算等を行うことは税務相談には該当しません。

➢ 付随業務

租税法における税額計算は、企業会計に関する知識を基礎として行われることも多く、その前提となる財務書類の作成や会計帳簿の記帳と密接な関わりがあります。実務的にはそのような会計業務も税理士が併せて行っているという実情を考慮し、税理士が財務書類の作成や記帳代行などを付随業務として行えることを明らかにしています。なお、財務書類の作成や記帳代行などの会計業務は誰でも行うことができる業務であり、税理士の独占業務ではありません。また、会計業務であっても公認会計士の独占業務である財務諸表の監査・証明のように、他の法律によってその業務を行うことが制限されているものについては行うことができません。

➢ その他財務に関する事務

その他財務に関する事務としては、税理士業務に付随して行われる社会保険労務士業務（社会保険労務士法第27条ただし書、同法施行令第2条第2項）があります。なお、税理士が行うことができる社会保険労務士業務は租税債務の確定に必要な事務の範囲内に限られ、労働社会保険諸法令に基づく申請書等の労働社会保険官公署等への提出などは行うことができません。

ii．税理士の独占業務

（税理士業務の制限）

第五十二条　税理士又は税理士法人でない者は、この法律に別段の定めがある場合を除くほか、税理士業務を行つてはならない。

概　要

税理士の独占業務は、「税理士業務の制限」として税理士法第52条に規定されています。税理士業務は、その重要性に鑑み、原則として税理士又は税理士法人でない者が行うことができないことになっています。なお、制限の対象となる税理士業務は必ずしも有償であることを要しないとされており、いわゆる「無償独占」となっています。また、別段の定めとしては税理士法第51条（税理士業務を行う弁護士等）（39ページ「弁護士の業務範囲」参照)、第51条の２（行政書士等が行う税務書類の作成）（65〜66ページ「税理士業務の対象となる租税」参照）などがあります。

相続業務の協業において、税理士との業際が問題となりやすいのは「税務相談」です。特に相続税申告が必要かどうかを判定するにあたって、他士業がどこまで確認すればよいかが問題となります。なぜなら、相続業務の協業においては、他士業が依頼者の窓口となり、他士業を通じて相続税申告や相続税試算の打診を受けることになるからです。その場合、他士業に相続税の基礎控除額を超える可能性を検討してもらう必要があります。例えば、財産目録の作成を経て相続税の基礎控除額を超える可能性があることが判明した場合、直ちに税理士に判断を依頼するような場合は、税理士業務における「税務相談」には該当しないと考えられます。一方、他士業が相続税額の算出まで行い、小規模宅地等の特例の適用の有無や配偶者に対する相続税額の軽減などについて意見を述べることは本条違反となります。

⑤　土地家屋調査士法

i．土地家屋調査士の業務範囲

（業務）

第三条　調査士は、他人の依頼を受けて、次に掲げる事務を行うことを業とする。

一　不動産の表示に関する登記について必要な土地又は家屋に関する調査又は測量

二　不動産の表示に関する登記の申請手続又はこれに関する審査請求の手続についての代理

三　不動産の表示に関する登記の申請手続又はこれに関する審査請求の手続について法務局又は地方法務局に提出し、又は提供する書類又は電磁的記録（電子的方式、磁気的方式その他人の知覚によつては認識することができない方式で作られる記録であつて、電子計算機による情報処理の用に供されるものをいう。第五号において同じ。）の作成

四　筆界特定の手続（不動産登記法第六章第二節の規定による筆界特定の手続又は筆界特定の申請の却下に関する審査請求の手続をいう。次号において同じ。）についての代理

五　筆界特定の手続について法務局又は地方法務局に提出し、又は提供する書類又は電磁的記録の作成

六　前各号に掲げる事務についての相談

七　土地の筆界が現地において明らかでないことを原因とする民事に関する紛争に係る民間紛争解決手続（民間事業者が、紛争の当事者が和解をすることができる民事上の紛争について、紛争の当事者双方からの依頼を受け、当該紛争の当事者との間の契約に基づき、和解の仲介を行う裁判外紛争解決手続（訴訟手続によらずに民事上の紛争の解決をしようとする紛争の当事者のため、公正な第三者が関与して、その解決を図る手続をいう。）をいう。）であつて当該紛争の解決の業務を

公正かつ適確に行うことができると認められる団体として法務大臣が指定するものが行うものについての代理
八　前号に掲げる事務についての相談
2　（以下略）

概　要

土地家屋調査士の業務は土地家屋調査士法第3条に規定されています。このうち、第1項1号から6号まではすべての土地家屋調査士が行うことができる業務であり、同項7号及び8号に規定する業務は、法務大臣が指定する研修を修了した一定の土地家屋調査士が行うことができる業務（「民間紛争解決手続代理関係業務」といいます）です。なお、本条第2項から第5項には民間紛争解決手続代理関係業務を行うための研修に関する規定が定められていますが、相続業務での協業において直接関係する項目ではないため、本書での解説は省略します。

解　説

➢ 不動産の表示登記に必要な土地又は家屋の調査又は測量（第1項1号）

第1項1号の業務は、歴史的に見ても土地家屋調査士の本来的な業務といえます。不動産の表示登記に必要な登記事項は不動産登記法に定められており、その登記事項を確定させる前提として調査・測量が必要となります。したがって、ここにおける「調査」とは、表示登記の対象となる土地の筆界確認や不動産の特定などを行うことをいいます。また、「測量」とは、表示登記の対象となる不動産の地積測量や床面積の算定とそれらの図面の作成などをいいます。

➢ 不動産の表示登記の申請手続及び審査請求手続の代理（第1項2号）

不動産の表示登記は、当事者本人が申請することを原則としています。

しかし、申請には適正な調査・測量に基づく図面の提供などが必要であり、専門的な知識が必要とされるため、その手続きを土地家屋調査士が代理することが認められています。また、土地家屋調査士は表示登記の申請に対して登記官が行った処分について、審査請求の手続きを代理することも認められています。

➢ 不動産の表示登記の申請手続及び審査請求手続についての書類又は電磁的記録の作成（第１項３号）

土地家屋調査士は第１項２号に規定する手続きを代理することができるとともに、それらの手続きについて法務局又は地方法務局に提出する書類又は電磁的記録の作成を行うことができます。

➢ 筆界特定の手続の代理（第１項４号）

土地の所有権の登記名義人やその相続人は、所有する土地とそれに隣接する土地との筆界について、筆界特定の申請をすることができます。土地家屋調査士はその申請手続き及び申請が却下された場合の審査請求の手続きについて代理をすることができます。

➢ 筆界特定の手続についての書類又は電磁的記録の作成（第１項５号）

土地家屋調査士は第１項４号に規定する手続きを代理することができるとともに、それらの手続きについて法務局又は地方法務局に提出する書類又は電磁的記録の作成を行うことができます。

➢ 前各号の事務についての相談（第１項６号）

土地家屋調査士は、１号から５号までの各号の事務について相談に応じることを業務として行うことができます。したがって、相談に応じた結果、仮に表示登記の申請などの受任に至らなかった場合でも、相談料として報酬を請求することができます。なお、ここにいう「相談」は、依頼者の趣旨を正確に把握した上で整理し、それを法律的に間違いがないように書類に表現する場合などに必要な範囲内での「相談」と考えられます。したがって、その範囲を超えて他人間の紛争に立ち入って法律的な意見を述べる、自分でその紛争を解決しようとするというような法律事務は、土地家屋調査士の業務範囲を超えたものになります。

➢ 土地の筆界が明らかではない場合の民間紛争解決手続の代理と相談（第1項7号・8号）

法務大臣が指定する研修を修了した一定の土地家屋調査士は、土地の筆界が明らかでないことによる一定の紛争について、弁護士との共同受任を条件として紛争解決手続きの代理業務を行い、また、相談に応じることが認められています。

ii．土地家屋調査士の独占業務

（非調査士等の取締り）

第六十八条　調査士会に入会している調査士又は調査士法人でない者（協会を除く。）は、第三条第一項第一号から第五号までに掲げる事務（同項第二号及び第三号に掲げる事務にあつては、同項第一号に掲げる調査又は測量を必要とする申請手続に関するものに限る。）又はこれらの事務に関する同項第六号に掲げる事務を行うことを業とすることができない。ただし、弁護士、弁護士法人若しくは弁護士・外国法事務弁護士共同法人が同項第二号から第五号までに掲げる事務（同項第二号及び第三号に掲げる事務にあつては、同項第一号に掲げる調査又は測量を必要とする申請手続に関する審査請求の手続に関するものに限る。）若しくはこれらの事務に関する同項第六号に掲げる事務を行う場合又は司法書士法第三条第二項に規定する司法書士若しくは同項に規定する簡裁訴訟代理等関係業務を行うことを目的とする司法書士法人が第三条第一項第四号若しくは第五号に掲げる事務（同法第三条第一項第八号に規定する筆界特定の手続に係るものに限る。）若しくはこれらの事務に関する第三条第一項第六号に掲げる事務を行う場合は、この限りでない。

2　（以下略）

概　要

土地家屋調査士の独占業務は、「非調査士等の取締り」として土地家屋調査士法第68条に規定されています。なお、独占が認められる業務は原則として第３条第１項１号から６号までに規定する業務ですが、同項７号及び８号に規定する民間紛争解決手続代理関係業務は対象とされていません。これは、民間紛争解決手続代理関係業務はそもそも弁護士業務であり、弁護士法第72条（非弁護士の法律事務の取扱い等の禁止）の例外として認められるもので、土地家屋調査士の独占業務ではないからです。したがって、民間紛争解決手続代理関係業務についての規制は弁護士法第72条によって行われることになります。また、土地家屋調査士の独占業務とされるもののうち、弁護士又は弁護士法人が行う一定の業務や、司法書士又は司法書士法人が行う一定の業務は独占業務の対象から除かれています。相続業務の協業においては、未登記建物の調査・測量及びその表示登記、建物の滅失登記、土地の分合筆登記などの手続きが土地家屋調査士の主な業務となります。

解　説

➢ 調査士会に入会している調査士又は調査士法人でない者

土地家屋調査士でない者又は土地家屋調査士法人でない者はもとより、土地家屋調査士や土地家屋調査士法人であっても土地家屋調査士会に入会していない者は取り締まりの対象となっています。

➢ 協会を除く

ここにいう「協会」とは公共嘱託登記土地家屋調査士協会を指します。協会は土地家屋調査士法第64条により、官公署等の嘱託を受けて、不動産の表示に関する登記につき第３条第１項１号から３号までに掲げる事務(同項２号及び３号に掲げる事務にあっては、同項１号に掲げる調査・

測量を必要とする申請手続きに関するものに限ります。）及びそれらについての相談を行うことをその業務とするため、本条の対象から除かれています。

➢ 第三条第一項第一号から第五号までに掲げる事務（第二号及び第三号に掲げる事務にあつては一定のものに限る）

第３条第１項第１号から第５号までに掲げる事務及びそれらについての相談業務は土地家屋調査士の独占業務となります。ただし、表示登記の手続きの代理・書類作成については、同項１号の調査・測量が必要な申請手続きの代理・書類作成のみに限定され、審査請求の手続きの代理・書類作成は独占業務の対象とされていません。これは、本条第１項ただし書きにおいて、弁護士又は弁護士法人は表示登記に関する手続きのうち、審査請求の手続きの代理・書類作成については行うことが認められているためです。

➢ 弁護士又は弁護士法人が行う業務の対象除外

弁護士又は弁護士法人が行う不動産の表示登記に関する審査請求の代理・書類作成、筆界特定の手続きに関する代理・書類作成及びそれらについての相談業務は、独占業務の対象から除かれています。

➢ 司法書士又は司法書士法人が行う業務の対象除外

簡易訴訟代理等関係業務を行うことができる司法書士又は司法書士法人が行う筆界特定の手続きに関する代理・書類作成（対象土地の価額が一定の額を超えないものに限ります。）及びそれらについての相談業務は、独占業務の対象から除かれています。

3つ目の知恵

業際問題の判例を知る

相続業務における業際問題については、非弁護士の法律事務の取扱い等の禁止（いわゆる非弁行為の禁止）を主たる論点として、その解釈に対する見解の相違から、業務の線引きが必ずしも明確でない場合があります。したがって、実務においてその線引きを判断するためには、条文解釈のみならず、過去の判例を確認することが必要不可欠となります。この章では、相続業務における業際の解釈にあたって参考となる判例について解説します。

判例１

弁護士法第72条における「その他一般の法律事件」には、法的紛議が具体化又は顕在化している案件はもとより、法的紛議が具体化又は顕在化していない場合でも、法的紛議が生ずることがほぼ不可避である案件も含まれるとされた事例

対象事件：最高裁平21（あ）第1946号
事 件 名：弁護士法違反被告事件
年月日等：平成22年７月20日第一小法廷決定
結　　果：上告棄却
原　　審：東京高裁平21（う）第357号　平成21年10月21日判決
原 原 審：東京地裁平20特（わ）第559号　平成21年１月20日判決

➤ 判決要旨

弁護士資格等がない者らが、ビルの所有者から委託を受けて、そのビルの賃借人らと交渉して賃貸借契約を合意解除した上で各室を明け渡させるなどの業務を行った行為については、その業務が、立ち退き合意の成否等をめぐって交渉において解決しなければならない法的紛議が生ずることがほぼ不可避である案件に係るものであって、弁護士法72条にいう「その他一般の法律事件」に関するものというべきであり、その際、賃借人らに不安や不快感を与えるような振る舞いをしていたなどの本件における具体的事情の下では、同条違反の罪が成立する。

（出典：最高裁判所ホームページ）

➤ 解説（筆者）

弁護士法第72条は「弁護士又は弁護士法人でない者は、報酬を得る目的で訴訟事件等、その他一般の法律事件に関して法律事務を取り扱うことを業とすることができない。」と規定しています。本件において被告人らは、同条に規定する「その他一般の法律事件」について、2003年（平成15年）に司法制度改革推進本部・第24回法曹制度検討会において示された法務省の見解（84ページ【参考】を参照）に基づき、「その他一般の法律事件」に該当するためには、事件というにふさわしい程度に争いが成熟したものであることを要するとする「事件性必要説」が妥当としました。よって、争いや疑義は具体化又は顕在化したものであることが必要であるとし、本件のように業務を受注した段階では賃借人との間で立ち退きの話すら出ていないような場合は「その他一般の法律事件」に該当しないと主張しました。しかし、第１審判決及び原判決は「その他一般の法律事件」には同条に例示されている事件や実定法上事件と表記されている案件と同程度に法律上の権利義務関係に問題があり、争いや疑義が具体化又は顕在化する「おそれ」のある案件も含まれるとしたうえで、本件業務は交渉によって法律上の権利義務関係を変更し、新たな権利義務関係を設定することを内容とするもので、その性質上、争訟ないし紛議の生じるおそれが高いものとし、同条にいう「その他一般の法律事件」に該当するとしました。本決定も、本件業務は立ち退き合意の成否、立ち退きの時期、立ち退き料の額をめぐって交渉において解決しなければならない法的紛議が生ずることは不可避である案件であったことは明らかであり、「その他一般の法律事件」に該当するものとして原判決を支持しています。

本決定では「その他一般の法律事件」が何を指すかについて、いわゆる「事件性必要説」と「事件性不要説」の中間に位置する内容が判示されています。すなわち、「その他一般の法律事件」に該当するためには、争いや疑義が具体化又は顕在化していることまでを要せず、そのような争いや疑義が具体化又は顕在化する可能性があることで足りるとされました。したがって、少なくとも事件性が全く必要ないとの立場ではなく、「事件性必要説」に親和的とも考えられます。他方、特に相続業務においては争いや疑義が具体化又は顕在化する「おそれ」が全くないと判断することに不確実性が伴う場合も多いことから、判示された内容を厳密に実務に反映させると「事件性不要説」に近いものにならざるを得ないとも考えられます。

➢ **主文**

本件各上告を棄却する。

➢ **理由（抜粋）**

原判決及びその是認する第1審判決の認定並びに記録によれば、本件の事実関係は、次のとおりである。すなわち、不動産売買業等を営むA社（以下「A社」という。）は、ビル及び土地の所有権を取得し、当該ビルの賃借人らをすべて立ち退かせてビルを解体し、更地にした上で、同社が新たに建物を建築する建築条件付で土地を売却するなどして利益を上げるという事業を行っていた。A社は、上記事業の一環として、本件ビルを取得して所有していたが、同ビルには、74名の賃借人が、その立地条件等を前提に事業用に各室を賃借して、それぞれの業務を行っていた。土地家屋の売買業等を営む被告人B社の代表取締役である被告人Cは、同社の業務に関し、共犯者らと共謀の上、弁護士資格等を有さず、法定の除外事由もないのに、報酬を得る目的で、業として、A社から、本件ビルについて、上記賃借人らとの間で、賃貸借契約の合意解除に向けた契約締結交渉を行って合意解除契約を締結した上で各室を明け渡させるなどの業務を行うことの委託を受けて、これを受任した。被告人らは、A社から、被告人らの報酬に充てられる分と賃借人らに支払われる立ち退き料等の経費に充てられる分とを合わせた多額の金員を、その割合の明示なく一括して受領した。そして、被告人らは、本件ビルの賃借人らに対し、被告人B社が同ビルの所有者である旨虚偽の事実を申し向けるなどした上、賃借人らに不安や不快感を与えるような振る舞いもしながら、約10か月にわたり、上記74名の賃借人関係者との間で、賃貸借契約を合意解除して賃貸人が立ち退き料の支払義務を負い、賃借人が一定期日までに部屋を明け渡す義務を負うこと等を内容とする契約の締結に応じるよう交渉して、合意解除契約を締結するなどした。

所論は、A社と各賃借人との間においては、法律上の権利義務に争いや疑義が存するなどの事情はなく、被告人らが受託した業務は弁護士法72条にいう「その他一般の法律事件」に関するものではないから、同条違反の罪は成立しないという。しかしながら、被告人らは、多数の賃借人が存在する本件ビルを解体するため全賃借人の立ち退きの実現を図るという業務を、報酬と立ち退き料等の経費を割合を明示することなく一括して受領し受託したものであるところ、このような業務は、賃貸借契約期間中で、現にそれぞれの業務を行っており、立ち退く意向を有していなかった賃借人らに対し、専ら賃貸人側の都合で、同契約の合意解除と明渡しの実現を図るべく交渉するというものであって、立ち退き合意の成否、立ち退きの時期、立ち退き料の額をめぐって交渉において解決しなければならない法的紛議が生ずることがほぼ不可避である案件に係るものであったことは明らかであり、弁護士法72条にいう「その他一般の法律事件」に関するものであったというべきである。そして、被告人らは、報酬を得る目的で、業として、上記のような事件に関し、賃借人らとの間に生ずる法的紛議を解決するための法律事務の委託を受けて、前記のように賃借人らに不安や不快感を与えるような振る舞いもしながら、これを取り扱ったのであり、被告人らの行為につき弁護士法72条違反の罪の成立を認めた原判断は相当である。

（出典：最高裁判所ホームページ）

【参考】2003年（平成15年）12月８日法曹制度検討会（第24回）議事録抜粋

ただし、法第72条は罰則の構成要件の規定でございまして、その解釈・適用は捜査機関、最終的には裁判所の判断にゆだねられるものですから、ここで法務省としての見解をお示ししたとしても、それは捜査機関が具体的事件において同条をどのように解釈・適用して捜査を行うかとか、また、裁判所が刑事あるいは民事の具体的事件において、同条をどのように解釈するかが拘束されるものではございません。これからお示しする解釈については、そのような留保付きでお聞きいただきたいと思います。

（略）

次に「法律事件」という要素についてでございますが、この法律事件といいますのは、法第72条本文に、「訴訟事件、非訟事件及び審査請求、異議申立て、再審査請求等行政庁に対する不服申立事件その他一般の法律事件に関して」と書かれております。このうち「その他一般の法律事件」が何を指すかについては、一般に法律上の権利義務に関して争いや疑義があり、又は新たな権利義務関係の発生する案件とされておりますけれども、この点について、いわゆる「事件性不要説」と「事件性必要説」という考え方がございます。

「事件性必要説」というものは何かと申しますと、例えば列挙されている訴訟事件その他の具体的例示に準ずる程度に法律上の権利義務に関して争いがあり、あるいは疑義を有するものであること、言い換えれば、事件というにふさわしい程度に争いが成熟したものであることを要するとしております。つまり紛争性がある程度成熟して顕在化しているものであれば、法第72条の規制の対象になるけれども、そうでない場合には、つまり事件性がない場合には法第72条の規制の対象にはならない、というのが「事件性必要説」です。

法務省としては、事件性不要説は相当ではないと考えておりまして、事件性必要説が妥当だと考えております。その理由はいろいろございますけれども、事件性不要説では、処罰範囲が著しく拡大してしまいますし、本来、弁護士法第72条が想定している射程の範囲を超えるような事柄についてまで処罰の対象としてとらえてしまうことになるからという点が一番大きい理由になっています。事件性不要説の場合、新たな権利義務関係が発生すれば、すべて「その他一般の法律事件」に該当することになりますので、例えば一般の業者が仲介業を行う賃貸住宅の賃貸借契約や不動産の売買契約の締結作用等もすべて法律事件に該当することになってしまって相当ではないと考えています。

法第72条が弁護士の職務を定めた法３条１項に比べて、限定的な文言を用いていることからも分かるように、弁護士法は刑罰をもって、弁護士以外の者が弁護士の業務一般について行った場合を処罰するのではなく、事件性がある法律事務を行った場合に処罰する趣旨であることを定めたものと考えるのが適当であろうと思われます。

以上の理由から、法務省としては、いわゆる「事件性必要説」に立っているわけですけれども、その場合、争いや疑義としてどの程度のものが必要かが次に問題となろうかと思います。この点、ここに争いや疑義が抽象的又は潜在的なものでもよいと考えてしまいますと、事件性不要説と同じ結論になってしまいますので、争いや疑義は具体化又は顕在化したものであることが必要と考えます。

（出典：首相官邸ホームページ）

判例２

行政書士が受託した遺産相続の手続きに関する委託契約は、その受託時及び業務遂行時において法的紛議が生じることがほぼ不可避であったため弁護士法第72条違反にあたり、一連の業務は全体として公序良俗に反し無効であり、一切の報酬請求は認められないとされた事例

対象事件：東京地裁平28（ワ）第27331号（本訴）

事 件 名：報酬金請求事件

年月日等：平成29年11月29日民事第１部判決

結　　果：一部認容

➢ 判決要旨

本件各委託契約は、その受託時及び業務遂行時において、法的紛議が生じることがほぼ不可避であったものといわざるを得ず、弁護士法第72条に違反するものというべきである。そして、本件各委託契約は遺産分割事務を取り扱うものであり、各種事務それ自体を個別に切り離してみることはできないため、全体として公の秩序に違反するものとして無効であり、報酬請求は認められない。

➢ 解説（筆者）

本件は、行政書士の資格を有する原告Ｘ１が、被告Ｙ１及び被告Ｙ２（以下「被告ら」といいます）と取り交わした被告らの父Ａの遺産相続の手続き（Ａの相続人調査、相続財産の調査・財産目録の作成、遺産分割手続き）に関する各委託契約について、それらは有効に成立したと主張して被告らに報酬金の支払いを求めた事案です。本件は被告らによる反訴も行われており、その争点は複数に及びますが、ここでは弁護士法第72条違反に関連する、以下の争点１～３について取り上げます。なお、本判決では行政書士が行った業務が全体として非弁行為に該当するとされましたが、遺産相続の手続きに関する業務について、本来の行政書士の業務の範囲内の行為と、争訟性を帯びる部分についての行為を区分し、後者については非弁行為に該当し本来の行政書士の業務の範囲外であるとして、範囲外の行為のみを無効とした **判例４** のような事例もみられます。

（争点１）

本件各委託契約の内容として、Ａの遺産相続の手続き業務のほか、被告Ｙ２が居住する区分所有建物（Ｙ２がＡから生前に持分10分の９の贈与を受けたもの。以下、「本件マンション」といいます）に係るＢ（Ａの子であり、被告らの姉）の持分10分の１の取得業務が含まれているかどうか

（争点２）

原告Ｘ１が本件各委託契約に基づく委託事務を行い、これに基づく報酬額を被告らに請求できるかどうか

（争点３）

本件各委託契約が公序良俗に反し無効となり、または同契約に基づく報酬請求権の行使が信義則に違反するかどうか

【争点１について】

被告Ｙ２は、原告Ｘ１に対し、Ｂ持分の取得についても依頼したいとの意向を示していました。しかし、本件各委託契約において原告Ｘ１が受託した事務はそれぞれの契約書に明示されており、その内容は①Ａの相続人調査、②相続財産の調査・財産目録の作成、③遺産分割手続き（各相続人への連絡・打合せ、協議、郵送等、遺産分割協議書作成の手続き、預貯金等の引出し、各相続人への分配・振込み）となっていました。原告Ｘ１は被告Ｙ２からのＢの持分の取得事務の依頼は断ったと述べており、現に、上記各契約書にもその旨の記載がされていないため、当該事務は本件各委託契約の内容に含まれていないとされました。

【争点２及び争点３について】

本判決では、弁護士法第72条前段における「その他一般の法律事件」とは、特定の案件について権利義務に関して現に争いがある場合はもとより、権利義務に関する紛争が生じることがほぼ不可避であるような基礎的事情が存在するような場合をも含むと解すべきとされました。本件各委託契約の締結及びその業務遂行の当時、Ａの遺産の範囲をめぐっては、ＢがＡから生前に贈与を受けたＢ名義のマンション購入資金や、Ｙ２がＡから生前に贈与を受けた本件マンションの持分が特別受益に当たるかどうかなど、いくつかの争いが現にありました。また、Ｙ１が相続による取得を予定していたＡ名義の台東区の土地建物や、本件マンションについて鑑定評価を経ていることなどから、Ａの遺産の評価に関しても疑義や紛争の基礎となるべき事情があったとされています。さらに、Ｙ２がＡから生前に持分の贈与を受けた本件マンションにはもともとＢ持分が存在し、被告らとＢの関係がよくなかったという事情も指摘され、相続人の範囲、遺産の範囲、評価、寄与分・特別受益という具体的相続分、分割方法などそれぞれの局面において、共同相続人間に疑義や争いが生じるおそれがある遺産分割事件の性格も考慮すると、本件でも、被告らとＢとの遺産分割事務を行うこと、すなわち本件各委託契約は、その受託時及び業務遂行時において、法的紛争が生じることがほぼ不可避であったものといわざるを得ないとしました。したがって、本件各委託契約の締結やこれに基づく事務の遂行は、弁護士法第72条に違反するものというべきであり、また、本件各委託契約が種々の局面で紛争が生じることが不可避な、遺産分割事務を取り扱うものであるため、各種事務それ自体を個別に切り離してみることはできないこと、同条に客観的に違反する場合には、これに基づく報酬請求を禁止すべきであることなども踏まえると、本件各委託契約の締結やその事務の遂行が全体として公の秩序に違反し、無効なものとされました。そうすると、本件各委託契約は、民法第90条（公序良俗）違反により無効なものというべきであり、原告Ｘ１の行為の適否（詐欺や背信行為）を問うまでもなく、これに基づく報酬請求は認められないと判示しています。

➢ **主文（抜粋）**

３　原告Ｘ１は、被告Ｙ１に対し36万円及びこれに対する平成28年10月13日から支払済みまで年５％の割合による金員を、被告Ｙ２に対し36万円及びこれに対する同日から支払済みまで年５％の割合による金員を、それぞれ支払え。

➢ **理由（抜粋）**

２　前提事実

（１）　当事者等

原告Ｘ１は、行政書士の資格を有する者である。原告会社は、不動産の鑑定評価を目的とする株式会社である。

被告らは、Ａ（以下「Ａ」という。）の子であるところ、Ａは、平成27年６月７日、死亡した。その相続人は、被告らとＢ（以下「Ｂ」という。）の３名（各法定相続分３分の１）である。（以上、争いがない。）

（２）　原告Ｘ１と被告らが取り交わした契約書等

被告らは、平成27年９月10日、原告Ｘ１との間で、それぞれ「委任契約書」を取り交わし、原告Ｘ１に対し、各「委任状」を作成交付し、本件各委託契約を締結した。各「委任契約書」には、被告らが、原告Ｘ１に対し、Ａの遺産相続の手続業務（Ａの相続人調査、同相続財産の調査・財産目録の作成、同遺産分割手続）を委託すること、また、被告らは、それぞれ、原告Ｘ１に対し、着手金36万円を支払い、成功報酬として、被告らがＡの相続により取得した財産価格の１％相当額を支払うことが記載されていた。

（4） 被告らによる原告Ｘ１に対する解任の意思表示等

被告らは、平成28年６月６日、同月３日付けの書面により、原告Ｘ１に対し、本件各委託契約を解除する旨の意思表示をした。

3 争点及びこれに対する当事者の主張

本件の争点は、①本件各委託契約の内容として、Ａの遺産相続の手続業務のほか、被告Ｙ２が居住する区分所有建物（以下「本件マンション」という。）に係るＢの持分10分の１の取得業務が含まれているかどうか（争点１）、②原告Ｘ１が本件各委託契約に基づく委託事務を行い、これに基づく報酬額を被告らに請求できるかどうか（争点２）、③本件各委託契約が公序良俗に反し無効となり、又は同契約に基づく報酬請求権の行使が信義則に違反するかどうか（争点３）（中略）である。

（1） 争点1

【原告Ｘ１】

本件各委託契約は、その契約書に明示されているとおり、Ａの遺産相続の手続業務（Ａの相続人調査、同相続財産の調査・財産目録の作成、同遺産分割手続）の委託を内容とするものであり、被告らの主張は争う。

【被告ら】

原告Ｘ１と被告らの合意の内容としては、Ａの遺産相続の手続業務のほか、本件マンションについて、Ｂが10分の１の持分を有しているところ、その持分を被告Ｙ２が取得できることも含まれており、原告Ｘ１が主張する本件各委託契約は成立していない。

（2） 争点2

【原告Ｘ１】

原告Ｘ１は、Ａの遺産の調査をし、Ａが有していた金融資産について、被告らが法定相続分に従って取得できるよう事務（書類作成や窓口での交渉事務など）を進め、原告会社を紹介して遺産不動産の評価を進めるとともに、被告らと何度も打合せをして、被告らやＢの意向を確認し、相続税の減免措置が受けられる平成28年2月28日までに遺産分割協議を成立させるよう必要な書類を整えるなどした上で、実質的な分割に関する合意を得て、被告ら及びBに遺産分割協議書案を交付し、被告らに遺産分割協議書案に署名押印して返送するよう求めていたが、その返送がされず、その後に、原告X1は、被告らから本件各委託契約を解除するとの連絡を受けた。

原告X1がBと接触し交渉をした理由は、円満に解決したいとの被告らの強い意向を踏まえたものであり、そのために、公平、公正な解決が図られるよう、遺産の調査をし、不動産評価額も第三者が納得できる鑑定評価によったのであり、虚偽の説明をした事実はない。

このように、本件各委託契約に係る事務すなわちAの遺産分割協議は実質すべて遂行済みであった。仮に、被告らが主張する解除が有効であるとしても、故意に報酬請求権の発生を妨害したものと評価できる。なお、上記遺産分割協議の結果、原告らは、それぞれ1億0112万1857円相当額の遺産を取得でき、その1%に当たる101万1218円が、原告X1が受領すべき報酬額となる。

【被告ら】

争う。原告X1が行ったのは、金融資産の資料の取寄せ程度にすぎず、実際の窓口での手続事務は被告らがしている。また、原告X1は、被告らを原告会社に連れて行き、実際にはその必要がないのに遺産分割協議を成立させるために不動産鑑定評価をすることが必須であるなどと虚偽の説明をして、被告らを欺いた。また、原告X1は、本来、被告らの利益のために本件各委託契約に基づく事務を遂行すべきであるところ、法律上の利害が対立し、実際上の関係が悪かったBの意向を聞いて、それに沿った遺産分割協議書案を作成するなど、被告らと利害が対立するBのために事務を遂行しており、明白な背信行為があった。

このように、本件各委託契約において原告X1が行うべき事務は完了しておらず、かえって、利益相反行為をしていたのであって、これを踏まえ、被告らは、原告Ｘ１に対し、委託事務の完了前に本件各委託契約を解除するとの意思表示をしており、報酬の支払義務を免れる。

（３）　争点３

【被告ら】

本件各委託契約は、被告らのみならず、前記（１）、（２）で主張したとおり、法律上利害が対立する関係等にあったＢと交渉してＡの遺産分割協議を成立させ、かつ、被告Ｙ２によるＢの持分取得も対象とするものであって、弁護士法72条の「その他一般の法律事件」すなわち権利義務に関して疑義があり、又は新たな権利義務を発生させる案件に当たる。そうすると、このような案件について、弁護士ではない原告Ｘ１が行うことはできず（非弁行為）、同条の構成する公序に違反することは明白であり、本件各委託契約は、民法90条により無効となる。

また、原告Ｘ１は、依頼者である被告らの信頼に違背し、被告らの費用で収集した資料について、法律上の利害が対立する関係等にあったＢに同資料を提供するとともに、Ｂの意向を入れた遺産分割協議を成立させようとするなどの情報漏えい、背信行為があった。加えて、原告Ｘ１は、被告らに対し、不動産鑑定評価が必須であるなどと虚偽の説明をし、本件件評価契約を締結させて必要的ではない不動産鑑定評価を行わせるなど、無用の費用負担をさせた（詐欺行為）。

以上の非弁行為、背信行為等及び詐欺行為にもかかわらず、本件各委託契約に基づく報酬請求をすることは信義則に違反する。

【原告Ｘ１】

本件各委託契約の締結やその事務を遂行する上で、原告Ｘ１は、円満に解決したいという被告らの意向を踏まえ、Ｂとも交渉し、相続人全員から円満に解決したいという意思を十分に確認している。この点、被告ら及びＢは、Ａの遺産分割協議に当たり、不動産を被告Ｙ１が取得し、金融資産はすべて3分の1とし、被告Y2の特別受益を評価し、かつ、被告Y1が引き出した預金850万円について遺産分割協議の中で清算するということを実質的には了解しており、原告X1は、この相続人全員の了解事項を法律上問題がない形となるよう事務を行ったにすぎない。すなわち、Aの遺産分割協議に係る事務は、弁護士法72条の「その他一般の法律事件」に当たらず、非弁行為とされる理由は全くない。

また、原告X1がBに資料の提供をしたのは、被告らの意向を踏まえたものであり、Bに資料の開示をすることは被告らも了解していた。そして、適正な鑑定評価などを経てBにも必要な資料の一部を開示したからこそ、円満かつ迅速に、法律上問題がない遺産分割協議が実現されたのであり、情報漏洩や背信行為といわれる理由も全くない。なお、遺産分割をする上で第三者が納得するために公正な評価を行わなければならず、不動産鑑定士に依頼して不動産の公正な評価を行うことは当然であって、それは、円満に解決したいとの被告らの強い意向にも沿うものであって、詐欺行為などといわれる筋合いもない。

以上のとおり、公序良俗違反や信義則違反が成立する余地は全くない。

第3　争点に対する判断

1　本件の事実関係

証拠（後掲〈略〉）及び弁論の全趣旨によれば、以下の事実が認められる。

（1）　本件マンションの取得の経緯等

AとBは、平成17年6月7日、本件マンションを取得し、同人の持分10分の9、Bの持分10分の1（以下「B持分」という。）とする所有権保存登記手続をした。

（2）　原告X1が被告Y1と知り合った経緯等

原告X1は、平成26年5月28日、被告Y1と知り合い、同居しているAの介護や今後の相続などについて相談を受け、高齢者の介護保険の申請などを助言したり、手伝ったりした。その際、原告X1は、Aの財産として、自宅、本件マンション、預金、有価証券等があるとの話を聞いた。

Aは、平成26年12月15日、贈与を原因として、本件マンションの持分10分の9について、被告Y2に移転するとの持分全部移転登記手続をした。

原告X1は、平成27年2月15日、被告らと会い、被告Y2から、上記贈与の経緯を聞き、相談を受けたので、被告Y2に対し、贈与税や相続時精算課税制度について説明した。

（3） Aの死亡と同人の相続事務の受託等

Aは、平成27年6月7日に死亡した。

原告X1は、同年7月11日、被告らと会い、Aの死亡の事実を知り、被告らに対し、特別受益や、相続放棄などの手続、相続税の申告などの手続について説明をした。また、それ以降、原告X1は、被告らからAの遺産分割についての相談を受けたが、被告Y1とBが不仲であることを聞いており、争いがあるならば受託できないと考えて、その旨被告Y1に伝えて受託を断ったが、被告Y1から、Bの意向を聞いてほしいと求められたため、原告X1は、Bと接触することとした。

原告X1は、同年8月19日、事務所で、Bと面談し、Bからも遺産分割の事務について円満に進められるならば依頼したいとの意向を聴取したので、遺産を法定相続分のとおり分割できるよう話を進めることにし、同年9月9日、Bから、戸籍謄本を受領し、Bに対し、今後の事務を説明した。

原告X1は、同月13日、被告らと会い、同月10日付けで、被告らとの間で、本件各委託契約を締結し、その後に着手金として、各36万円を受領した。

その中で、原告X1が行うべき業務としては、Aの遺産相続の手続業務とされ、具体的には、①Ａの相続人調査、②相続財産の調査、財産目録の作成、③遺産分割手続（各相続人への連絡・打合せ、協議、郵送等、遺産分割協議書作成の手続、預貯金等の引出し、各相続人への分配・振込み）とされており、各着手金36万円を支払い、成功報酬として、相続完了時に相続財産価格の１％とされていた。なお、原告Ｘ１は、被告Ｙ２から、Ｂ持分についても併せて取得したいという話を聞いていたが、その業務を受託することはしなかった。

（４） 原告Ｘ１が行った業務等

原告Ｘ１は、平成27年９月16日から同年10月７日までに、被告らやＢと複数回の打合せをして、Ａの遺産であるいちよし証券に対する国内投信についての分割事務を行い、同日、被告ら及びＢとの間に同国内投信（以下「本件投信」という。）について、各３分の１ずつ（数量各3182万2293口）取得するとの遺産分割協議を成立させ、各人の名義に書き換えた。

また、原告Ｘ１は、同年９月15日から平成28年１月26日までに、Ａ名義の不動産の登記簿謄本、本件マンションの登記簿謄本、戸籍謄本、Ａ名義の預貯金口座、株式の銘柄などを調査し、相続人関係、Ａの金融資産関係の有無やその残高などの詳細を明らかにした。

（５） 原告会社による不動産評価の経緯等

原告Ｘ１は、被告らに対し、Ａの遺産分割を公平、適正に進めるために、遺産である不動産や本件マンションについて、不動産鑑定士による評価をしなければならないと説明し、原告Ｘ１が知人の行政書士から紹介された、原告会社代表のＺ不動産鑑定士（以下「Ｚ鑑定士」という。）に会うこととし、平成27年11月16日、被告らとともにＺ鑑定士と面談した。Ｚ鑑定士は、被告らに対し、鑑定の流れや費用などについて説明し、被告Ｙ１は、原告会社にあてた「不動産鑑定評価依頼書」に署名押印し、同依頼書に記載された、Ａ名義の台東区〈以下略〉の土地及び同土地上の建物（以下「本件土地建物」という。）並びに本件マンションについての相続開始時（平成27年６月７日）の鑑定評価を依頼するとともに、同日のファックス文書にて、同趣旨の依頼をした。ただ、上記依頼書自体は、後日、被告Ｙ１からＺ鑑定士に交付された。

これを受けて、原告会社は、平成27年11月19日、被告Ｙ１にあてて、鑑定見積金額を86万1840円とする見積書を提示するとともに、着手金20万円を振り込むよう依頼した。Ｚ鑑定士は、同月25日、本件土地建物の現地調査を実施したが、同日、被告Ｙ１は、原告会社に対し、20万円を支払った。また、Ｚ鑑定士は、同月30日、本件マンションの現地調査を実施した。

同年12月４日、被告らは、Ｄ司法書士を伴って、原告Ｘ１を訪ねたが、その際、小規模宅地等の課税価格算入額の特例の話が出て、同特例による減税額が1000万円程度ということであり、被告Ｙ１は、原告Ｘ１に対し、平成28年２月29日までに遺産分割協議を成立させるよう求めるとともに、これができないなら同額の賠償をする旨約してほしいと述べ、これに対し、原告Ｘ１は、被告Ｙ１に対し、努力するが、そのような合意をすることはできないと伝えたところ、被告らは、できる限り速やかに遺産分割協議を成立させるよう述べた。

原告会社は、同年12月７日付けで、被告らにあてた本件各評価書を作成し、これを原告Ｘ１に提出した。原告会社は、同月９日付けで、被告らにあてて、上記20万円を差し引いた66万1840円の支払を求める請求書を提出した。

しかし、同月４日頃から、原告Ｘ１が、被告Ｙ１に電話したり、メールを送ったりしても、被告Ｙ１は、返信等しようとしなかった。

（６）　原告Ｘ１によるＡの遺産の確定とこれに基づく遺産分割協議案の提示等

被告Ｙ１は、平成28年１月５日、Ｚ鑑定士に対し、メールで、支払の件について、「家族全員一致せずもう少し待ってください。」と連絡した。

平成28年1月18日、被告Y1の委任を受けたとして、E弁護士は、原告X1に対し、遺産分割協議書案等を交付するよう求めた。

原告X1は、同月28日までに、Aの遺産や相続人間で清算すべき金員について、①本件土地建物（鑑定評価額6580万円）、②本件投信（分割済み、各人が取得した評価金額3170万1368円）、③預貯金等（相続開始時の合計残高6349万1467円）、④各株式（一部非上場株を含む。）、⑤預貯金等からの引出額850万円（その一部を葬儀費用128万4878円、不動産鑑定費86万1840円、寺院費用43万4400円にあてた。また、香典返しを除く香典分30万円を加えた。）であると確定させた。また、原告X1は、被告Y2の特別受益について本件マンションの持分10分の9（評価額3627万円）とし、Bの特別受益について居住用マンションの購入資金等4270万円とした。

その上で、原告X1は、本件土地建物を被告Y1に取得させ、上記遺産の内容、評価額、特別受益と葬儀費用等について、法定相続分3分の1ずつとなるよう、各財産を被告らに取得させる遺産分割協議書案を作成し、これをE弁護士に交付するとともに、本件各評価書を交付した。被告Y1は、E弁護士を通じて、上記書類を受領したが、被告Y1は、被告らの意向が反映されていないと考えて、E弁護士を解任した。

その後、被告Y1からの連絡がなかったため、原告X1は、E弁護士に確認するなどしたが、同年5月6日付けで、被告らに対し、各69万4200円を支払うよう求める請求書を発行した。

（7） Bによる遺産分割調停の申立てとその後の経緯等

Bは、平成28年5月6日、被告らを相手方として、東京家庭裁判所に遺産分割調停の申立てをした（同家裁平成28年（家イ）第30426号、以下「別件調停事件」という。）。同申立てについて、Bは、原告X1が作成した遺産分割協議書案、本件各評価書の写しを併せて提出していた。

被告らは、被告ら訴訟代理人に対し、別件調停事件の対応について、各着手金21万6000円を支払った。

その後、別件調停事件において、「C」名義の預金やＡが経営していた会社の株式などがＡの遺産であるかどうか、Ｂ持分が特別受益に当たるかどうかなどが問題となったが、最終的に、同調停は、平成29年９月には成立した。

２　争点１

そこで、検討すると、前記１（３）のとおり、本件各委託契約において原告Ｘ１が受託した事務は、その各契約書に明示されているとおり、①Ａの相続人調査、②相続財産の調査、財産目録の作成、③遺産分割手続（各相続人への連絡・打合せ、協議、郵送等、遺産分割協議書作成の手続、預貯金等の引出し、各相続人への分配・振込み）であること、他方、被告Ｙ２は、原告Ｘ１に対し、Ｂ持分の取得についても依頼したいとの意向を示していたようであるが、前記１（３）にもあるとおり、原告Ｘ１はこれを断ったと述べており、現に、上記各契約書にもその旨記載がされていないこと、以上の点に照らせば、被告らの供述内容にかかわらず、Ｂの持分の取得事務は、本件各委託契約の内容に含まれていないものというべきである。

３　争点３

（１）そこで、検討すると、「弁護士は、基本的人権の擁護と社会正義の実現を使命とし、ひろく法律事務を行なうことをその職務とするものであって、そのために弁護士法には厳格な資格要件が設けられ、かつ、その職務の誠実適正な遂行のため必要な規律に服すべきものとされるなど、諸般の措置が講ぜられているのであるが、世上には、このような資格もなく、なんらの規律にも服しない者が、みずからの利益のため、みだりに他人の法律事件に介入することを業とするような例もないではなく、これを放置するときは、当事者その他の関係人らの利益をそこね、法律生活の公正かつ円滑ないとなみを妨げ、ひいては法律秩序を害することになるので、同条は、かかる行為を禁圧するために設けられたものと考えられるのである」（最高裁昭和46年7月14日大法廷判決・刑集25巻5号690頁）との弁護士法72条の立法趣旨や「訴訟事件、非訟事件及び審査請求、異議申立て、再審査請求等行政庁に対する不服申立事件」との同条の例示部分に鑑みると、同条の「その他一般の法律事件」とは、特定の案件について権利義務に関して現に争いがある場合はもとより、権利義務に関する紛争が生じることがほぼ不可避であるような基礎的事情が存在するような場合をも含むと解すべきである。

（2）これを本件についてみると、①前記1（3）のとおり、原告X1が受託した業務それ自体は、相続人の調査、相続財産の調査、遺産分割手続の各事務であるところ、前記1（7）のとおり、本件各委託契約の締結及びその業務遂行の当時、Aの遺産の範囲をめぐってはいくつかの争いが現にあったこと、②Aの遺産の評価に関しても、前記1（5）のとおり、本件土地建物や本件マンションについて鑑定評価を経ているが、その理由について、原告X1は「非常に低い価格で出てくるとやはりまずいんじゃないかと、そういう理由だったんですけど。」と述べ、しかも、前記1（6）のとおり、被告Y1が本件土地建物を取得することが予定され、かつ、本件マンションの持分10分の9が被告Y2の特別受益に当たるとされていたのであるから、前記1（3）のとおり、被告らとBの関係がよくなかったことも併せ考えると、不動産の評価に関しても疑義や紛争の基礎となるべき事情があったこと、③前記1（6）で原告X1が整理した特別受益（Bのマンション購入資金、被告Y2の上記持分10分の9）以外にも、前記1（1）のとおり、本件マンションにはB持分が存在し、同（7）のとおり、これをめぐり、共同相続人であるBと被告らとの間に特別受益に当たるかどうかの問題があったことが指摘され、加えて、相続人の範囲、遺産の範囲、評価、寄与分・

特別受益という具体的相続分、分割方法というそれぞれの局面において、共同相続人間に疑義や争いが生じるおそれがある遺産分割事件の性格も考慮すると、本件でも、被告らとＢとの遺産分割事務を行うことすなわち本件各委託契約は、その受託時及び業務遂行時において、法的紛争が生じることがほぼ不可避であったものといわざるを得ない。

そうすると、本件各委託契約の締結やこれに基づく事務の遂行は、弁護士法72条に違反するもの（非弁行為）というべきである。

（３）そして、本件各委託契約が、上記（２）のとおり、種々の局面で紛争が生じることが不可避な、Ａの遺産分割事務を取り扱うものであり、各種事務それ自体を個別に切り離してみることはできないこと、また、弁護士法72条が、同法77条により刑法犯として処罰される関係にある上、同条の趣旨に鑑みると、同条に客観的に違反する場合には、これに基づく報酬請求を禁止すべきであることなども踏まえると、本件各委託契約の締結やその事務の遂行が全体として、公の秩序に違反し、無効なものとなるとともに、非弁行為に当たるものといわざるを得ない。

そうすると、本件各委託契約は、民法90条により無効なものというべきであり、原告Ｘ１の行為の適否(詐欺、背信行為)を問うまでもなく、これに基づく報酬請求は認められない。

(出典：判例タイムズ1453号　P. 200～P. 210より抜粋)

判例３

簡易で少額な法律事件は、弁護士法第72条における「その他一般の法律事件」には含まれないとした原判決について、現状の改革の必要性を説く限度において貴重な見解であることを認めながらも、そのような制限解釈は採用できないとされた事例

対象事件：札幌高裁昭46（う）第82号
事 件 名：弁護士法違反被告事件
年月日等：昭和46年11月30日第三部判決
結　　果：破棄自判
原　　審：札幌地裁昭43（わ）第584号　昭和46年２月23日判決

➢ 判決要旨

弁護士法72条前段にいう「その他一般の法律事件」とは、同条例示の事件以外の「権利義務に関し争があり若しくは権利義務に関し疑義があり又は新たな権利義務関係を発生させる案件」を指すと解するのが相当であり、簡易で少額な法律事件はこれに含まれないとする原判決の解釈は誤りである。

➢ 解説（筆者）

被告人は自動車の保有者である会員から会費を徴収し、自動車事故が発生した場合はその会員から依頼を受けてその代理人となり、損害賠償についての示談交渉や示談契約証書の作成、自動車損害賠償責任保険の請求手続きなどの業務を行っていました。原判決は、被告人が行った業務が弁護士法第72条違反に該当するとしましたが、「紛争の実体・態様などに照らし、通常人の法律知識によつて十分処理することができ、そのため一般人がこれに当面しても通常弁護士に依頼して処理することを考えないような簡易・少額な民事の法律事件はこれに含まれない。」との見解を示し、被告人が請け負った上記の業務のうち、その一部は「簡易で少額な法律事件」として同条違反に該当しないとしました。これに対し、本判決では同条前段における「その他一般の法律事務」とは、「同条例示の事件以外の権利義務に関し争いがあり、若しくは権利義務に関し疑義があり又は新たな権利義務関係を発生させる案件」を指すと解すべきであるとし、原判決のような制限解釈をする合理性はなく、そのような解釈は抽象的かつ不明確で採用できないとしました。ただし、原判決について「詳細な分析、検討を行っており、その鋭い問題意識と豊富な引用文献に裏付けられた現状の分析等の中には、傾聴すべき点が少なくない」として一定の評価をし、法律事件の激増と、それに対応すべき弁護士人口の絶対的不足など、法律社会の現状を改革するために一定の限度において、弁護士と非弁護士との競業を認めるということも一つの有力な提案であるとしています。

➢ 主文

原判決を破棄する。

被告人を懲役八月に処する。

ただし、本裁判確定の日から二年間右刑の執行を猶予する。

➢ 理由（抜粋）

法七二条前段にいう「その他一般の法律事件」とは、同条例示の事件以外の、「権利義務に関し争があり若しくは権利義務に関し疑義があり又は新たな権利義務関係を発生させる案件」を指すと解するのが相当であり（東京高等裁判所昭和三九年九月二九日判決、刑集一七巻五九七頁）、右の点に関する原判決のような制限解釈は、当裁判所の採用しないところである。そして、原判決の認定によれば、原判決が同条違反罪の成立を否定した所論指摘の各事実は、有罪とされたその余の事実と同様、第三者の依頼を受けて、自動車事故の損害賠償に関する示談交渉等を、業として行なつたというものであり、右が、前記の意味における「その他一般の法律事件」を取り扱つた場合に該ることは明らかであるから、原判決には、判決に影響を及ぼすことの明らかな法令解釈の誤りがある、といわなければならない。

もつとも、原判決は、同条の解釈として前記のような見解を採るべき根拠として、（一）同条の立法趣旨、（二）法律社会の実情、（三）規定の文言解釈の三点を挙げ、それぞれの点につき、詳細な分析、検討を行なつている。そして、その鋭い問題意識と、豊富な引用文献に裏付けられた現状の分析等の中には、傾聴すべき点が少なくなく、右は、関係機関に現状の改革の必要性を説く限度において、もとより一個の貴重な見解たるを失わないけれども、現状の改革に急なるの余り、刑罰法規の解釈として許される限度を逸脱したものというのほかなく、にわかに左袒し難い。以下、この点に関する当裁判所の見解を、若干補足説明する。

一　原判決が、前記のような解釈をとるべき根拠として掲げる右三点のうち、(一）および（三）の点は、右見解を積極的に理由づける論拠としては、さして重要な意味を有しないといわなければならない。すなわち、まず、右（一）の点についていえば、法七二条の立法の沿革からみて、同条が、いわゆる業として行なう非弁護士活動を全面的に禁止する目的のもとに立法されたものであること自体は、とうていこれを否定し難く、法律事件の適正な処理が社会生活上不可欠の要請であること等からみれば、右のような立場も、立法論上批判の余地が絶無であるかどうかは別として、相当の合理性を有するといわなければならない。右の点に関する原判決の説示も、右立法の趣旨・目的を全面的に否定するものではなく、ただ、右立法の趣旨を実質的に勘案すれば、右は、原判決のような解釈の妨げとはならないとの趣旨において、いわば、右解釈の消極的意味の理由づけとして掲げられたものと解される。また、前記(三)の点も、同条の文理解釈としては所論の主張するような解釈の方がむしろ素直であるといわなければならず、この点に関する原判決の説示も、前記のような解釈を積極的に理由づけるものとしては、いささか説得力に欠けるきらいがある。

二　原判決の理由の力点は、前記（二）の点にあると解される。すなわち、原判決のいわんとする趣旨は、わが国の法律社会の実情（いわゆる法律事件の激増、これに対応すべき弁護士人口の絶対的不足、地域的偏在、しかもそれが一時的過渡的現象と見られないこと等）から見て、同条にいう「その他一般の法律事件」の意義を前記の趣旨に理解しなければ、不合理であつて、違憲の問題をも生ずるのに反し、右のような解釈をとれば、司法制度の理想の実現にも役立つ、という点にあると思われる。たしかに、現在のわが国の弁護士制度が、原判決の挙げるような種々の理由から、激増する法律事件の処理に対応し切れず、とくに、いわゆる簡易少額な事件について、国民に迅速低廉な法律的サービスを提供するとの面において、十分でないものがあることは、原判決の指摘するとおりであると考えられる。したがつて、右のような現状を改革するため、一定の限度において、弁護士と非弁護士との競業を認めるということも、一つの有力な提案であること、論をまたないところである。しかしながら、立法論として、右のような提案が、有力な改革案の一つであるということから、ただちに、原判決のような見解が、現行法の解釈論としても正当であるということにはならない。ある刑罰法規の処罰範囲が、その文理解釈によつてはいささか広くなりすぎると思われる場合に、論理解釈その他種々の法的解釈技術を通じ、右処罰の範囲を一定の限度に制限するということは、もちろん許されないことではないけれども、それは、あくまでもその定立する基準が相当程度明確かつ合理的である場合に限られるのであつて、不明確な基準を用いた恣意的な法の解釈は、厳にこれを慎しまなければならない。

三　そこで、右の観点から、さらに検討を進めてみるに、原判決の掲げる前記のような解釈は、まず、その基準の明確性ないし合理性において、多分に疑問であるといわなければならない。原判決も、その自らの定立した基準が、いささか明確性に欠けることを認めているが、この点は、果たして、原判決がいうように、「やむをえない」ものとして許容される程度のものであろうか。原判決は、本件のような交通事故を原因とする損害賠償事件について、何がそのいうところの「簡易少額な事件」にあたるかは、結局において、「損害賠償請求権の成否についての争いの有無、その程度、損害の大小、被害者側の要求の内容、加害者の意向、その他事件の規模、態様」に照らし、「一般人がこれに当面した場合、通常、弁護士に依頼して処理することを考えるかどうか」などを総合して決すべきであるとしているが、その掲げる判断の基準自体、かなり漠然としたものであつて、具体的な案件が、右基準に合致するか否かを判断することは、はなはだしく困難である。現に、原判決は、右基準の具体的案件への適用にあたり、おおむね、（1）加療期間一カ月以内の人身事故で、（2）治療費を除く示談金額が一〇万円以下であり、かつ、（3）右示談を成立させるにあたり、当事者間に大きな主張の対立がなかつたものを考えているように思われるのであるが、原判決が無罪としたもののうちには、示談金額が二〇万円というかなり高額のものや、賠償額について当事者の意見が、当初大巾にくいちがつていたものが含まれている一方、原判決が有罪としたもののうちには、加療三週間を要する傷害事故で、治療費のほか、慰藉料として五万円を支払うことで示談が成立した事実等も含まれているのであつて、原判決自体、具体的にいかなる基準に基づき、いわゆる簡易少額な事件とそうでないものとを区別しているのか、必ずしも明確であるとは認められない。このように原判決が、自ら定立した基準を具体的事案に適用した結果が、合理的に納得し難いものとなつていることは、右基準ないしその前提となる前記解釈それ自体が抽象的かつ不明確であることを、如実に示しているものといえよう。原判決のような基準を用いて、非弁護士の取り扱うことの許される法律事件とそうでないものとを区別することになると、いわゆる示談交渉が難航したかどうかという点が、右判断における重要な因子となることになるが（現に、原判決は、この点を相当重視しているように思われる。）、右の点は、必ずしも合理的でないうえ、両者の区別をいつそう困難にするものである。一般に、示談交渉が比較的円滑に行なわれたということが、事後的に考えて、右事案が比較的「簡易な」事件であつたことを推認させる一つの事情となり得ることは、一応これを肯定することができるけれども、示談交渉の難易は、事件自体の持つ複雑性と必ずしも本質的な関連を有するとはいえず、両当事者の有する権利意識や良識の程度、経済状態、あるいはまた交渉にあたる当事者の微妙な心理状態等、相当偶然的な要素によつて左右されることを否定できないのである（ちなみに、原判決が無罪とした案件の中にも、示談交渉は比較的簡単に妥結したが、その理由が、被害者が被告人を弁護士であると誤信し、その言動を信頼して自己の要求を抑えたためであつたり、加害者や被告人の言辞に畏怖したためであつたりするものも含まれており、これらの事案も、もし事情が異れば、示談交渉がさらに難航した可能性を否定できない。）。したがつて、原判決のように、かかる具体的事情を捨象して、右示談交渉が比較的容易であつたことから、逆に、当該案件が「簡易な」事件であつたと結論することは合理的でないといわなければならないが、他方、右のような諸般の事情を考慮に容れなければ、「簡易な」事件であるかどうかが判断できないというのでは、両者の区別は、ますます困難となる。また、示談交渉が、前記のような偶然的な事情に左右されるものであることの結果、右が将来難航するかどうかを、事件の依頼を受けた段階で的確に判断することは、いつそう困難となるのであつて、これらの点は、明確性ないし法的安定性を重視する刑罰法規の解釈として、黙過し難い難点であるといわなければならない。

四　原判決は、前記のような制限解釈をとるべき根拠として、もしかかる解釈をとらなければ、法七二条の規制が広きに失し、憲法二二条一項の保障する営業活動の自由を不当に制限することになる、という点を挙げている。しかしながら、いわゆる法律事件を業として取り扱うことのできる者の範囲を一定の資格ある者に限定し、これに種々の規制を加えること自体は、営業活動の自由に対する公共の福祉による合理的な制約であると解せられるのであつて（この点は、原判決も一応認めている。）、右法律事件の一部の取扱いに対する規制を、原判決のいう「弱い規制」

に任せていないからといつて、ただちに違憲の問題を生ずるとは思われない。なぜなら、一般に、法律事件の適正な処理が、社会生活上不可欠の要請であることは、すでに述べたとおりであり、しかも、右法律事件のうちに、いわゆる「弱い規制」に任せれば足りるたぐいのものを理論上観念しうる余地があるとしても、これとそうでないものとを明確に区別する基準を見出し難い以上、これらに対し、一律に「強い規制」をもつてのぞむことも、けだしやむをえないところといわなければならない。営業活動の規制における適度なきめの細かさは、望ましいものではあろうが、法七二条の問題に関する限り、これを欠いたからといつて、ただちに違憲となるとは考えられない。

五　法七二条につき、原判決のような制限解釈を採るとすれば少くとも当分の間、いわゆる「簡易少額な事件」を取り扱う限りにおいて、非弁護士の活動は、まつたく放任され、何ら規制の対象とならないこととなり、これによつて生ずる社会の混乱は著しいものがあるであろう。原判決は、同条の解釈につき前記のような制限解釈をしても、いわゆる簡易少額な事件を業として取り扱いうる者に対しては、一定の法的規制を加えれば足りるというが、かかる法的規制がまつたく存在しない現時点において、過渡的なものであるにせよ著しい社会の混乱を惹起することの明らかな、前記のような見解を、現行法の解釈として採用するのは、慎重でなければならない。同条による処罰の範囲は、いささか広きに過ぎる感を否定し難いけれども、右の点に関する非難は、同条前段の罪の成立要件として、「報酬を得る目的」のみならず、法律事務を取り扱うことを「業とする」ことが必要であると解すること（最高裁判所大法廷昭和四六年七月一四日判決。）等の方法によつても、ある程度緩和することができるのであつて、右見解を採用せず、「その他一般の法律事件」の意義につきあえて問題の多い前記のような解釈をとる原判決の考え方には、にわかに賛同できないというべきである。

以上のとおりであつて、論旨は理由があり、原判決は破棄を免れない。

よつて、刑事訴訟法三九七条一項、三八〇条により、原判決を破棄したうえ、同法四〇〇条但書に則り、当審においてただちに、つぎのとおり自判する。

（罪となるべき事実）

被告人は、かねて「□□商事」という名称で、自動車の保有者たる会員からの依頼を受け、自動車事故を原因とする損害賠償についての示談交渉等の事務を行なつていたものであるが、弁護士でないのに、報酬を得る目的をもつて、右□□商事の業務として、別紙一覧表記載のとおり、昭和四一年一月七日ころから同四三年七月八日ころまでの間、前後三九回にわたり、札幌市大通り東七丁目大七ビル内□□商事事務所ほか数カ所において、交通事故を起こした自動車の保有者または運転者あるいは交通事故の被害者などである同表記載の△△株式会社ほか三〇名から、交通事故の相手方との示談交渉などの依頼を受け、右会社らを代理して、事故の相手方である同表記載のAほか三七名と交渉して和解を取りまとめるなどし、もつて、法律事務を取り扱うことを業としたものである。

（出典：判例タイムズ271号　P. 115～P. 118より抜粋）

判例４

遺産分割に関して行政書士が行った業務について、相続人の調査や遺産分割協議書などの作成は行政書士の業務範囲であるが、紛争が生じ争訟性を帯びてきた相続人との折衝は弁護士法第72条違反とされた事例

対象事件：東京地裁平４（ワ）第7470号

事 件 名：報酬金請求事件

年月日等：平成５年４月22日民事第一七部判決

裁判内容：一部認容・一部棄却

➢ 判決要旨

行政書士である原告が行った業務のうち、相続財産及び相続人の調査、相続分なきことの証明書や遺産分割協議書等の書類の作成、その書類の作成にあたって被告以外の相続人に遺産分割についての被告の意向を伝え、内容を説明することについては行政書士法第１条の２に規定する「権利義務又は事実証明に関する書類」の作成にあたるので行政書士の業務の範囲内であるということができる。しかし、遺産分割について紛争が生じ、争訟性を帯びてきたにもかかわらず被告以外の相続人からその相続分を被告が買い取るべく折衝をすることは、単に行政書士の業務の範囲外であるばかりでなく、弁護士法第72条の「法律事務」に該当し、いわゆる非弁活動になるといわなければならない。したがって原告が被告以外の相続人と折衝したことについての報酬は請求できないというべきである。

➢ 解説（筆者）

行政書士は、行政書士法第１条の２において「官公署に提出する書類」、「権利義務又は事実証明に関する書類」を作成することを業とするとされています。また、弁護士法第72条において「弁護士又は弁護士法人でない者は、報酬を得る目的で訴訟事件等、その他一般の法律事件に関して法律事務を取り扱うことを業とすることができない。」とされています。本件は、被告が相続財産である不動産を自己の単独名義にするために、被告以外の相続人の持分を行政書士である原告に買い集めることを依頼し、原告がその業務を遂行したのちに報酬を請求したところ、原告の行った業務は弁護士法第72条違反であるとして、被告がその請求に応じなかったため訴訟に至った事例です。原告は業務の遂行にあたり、相続財産及び相続人の調査を行い、相続分なきことの証明書や遺産分割協議書等の書類を作成しました。また、その書類の作成にあたって被告以外の相続人に遺産分割についての被告の意向を伝え、内容の説明を行っています。さらに、遺産分割についての被告の意向を了承しなかった相続人に対しては、それらが相続により取得した権利を被告が買い取るべく交渉を行っています。判決としては上記のとおり、相続財産及び相続人の調査、相続分なきことの証明書や遺産分割協議書等の書類を作成、また、その書類の作成にあたって被告以外の相続人に遺産分割についての被告の意向を伝え、内容の説明を行ったことについては、行政書士法第1条の2における「権利義務又は事実証明に関する書類」の作成の範囲内としました。一方で、被告以外の相続人からその相続分を被告が買い取るべく折衝をすることは、事案の紛争性に鑑み、弁護士法第72条違反に該当するとしています。なお、本判決は相続人との折衝に関する業務については弁護士法第72条違反とし、その部分の報酬請求は無効としたものの、相続財産及び相続人の調査や遺産分割協議書の作成等、他の業務に関する報酬請求についてはこれを認めています。さらに、原告が司法書士に所有権移転登記の依頼をしたことについては行政書士の業務の範囲外であるものの、行政書士の立場と関係なく被告から原告に依頼されたものとして報酬請求を認めています。

➢ **主文**

1　被告は原告に対し、金二二万七七一六円及びこれに対する平成四年三月一日より完済に至るまで年五分の割合による金員を支払え。

2　原告のその余の請求を棄却する。

3　訴訟費用は、これを五分し、その四を原告のその余を被告の負担とする。

4　この判決は仮に執行することができる。

➢ **理由（抜粋）**

二　そこで原告が遂行した事務の内容につき検討するに、証拠によれば、次の事実が認められる。

1　原告は、平成二年三月から六月までの間亡甲名義の相続財産の調査をした。養子縁組無効確認訴訟の裁判資料の検討、法務局、税務署等での書類収集、関係者からの事情聴取により、不動産が富山市及び大沢野町に存することが判明した。

2　原告は、平成二年三月から七月までの間に戸籍謄本、除籍謄本、住民票等を収集のうえ、亡甲の相続人の調査をし相続人関係説明図を作成した。

3　原告は平成三年三月から九月までの間に、Aに対し電話で一〇回程度、手紙で五回相続分の買取りの説得をした。当初Aは相続分の売却に難色を示したが、原告との折衝の結果平成三年三月一九日に原告が金沢に出張した際現金と引換えに相続分なきことの証明書を交付した。なお、原告の金沢への出張について原告は被告から旅費を受領したほか、日当として五万円を受領している。

4　原告は平成三年三月から九月までの間に、Bに対し電話で八回程度、手紙で二回相続分の買取りの説明をした。Bは原告に協力的で、平成二年八月一四日に原告が京都府城陽市に出張した際現金と引換えに相続分なきことの証明書を交付した。

なお、原告の城陽市への出張について原告は被告から旅費を受領したほか、日当及び調査料として二万五〇〇〇円を受領している。

5　原告は平成三年三月から九月までの間に、Dに対し電話で八回程度、手紙で二回相続分の買取りの説得をした。Dは原告の説明にやや難色を示したが、原告の説得の結果、平成二年九月八日に原告が京都市に出張した際、現金と引換えに相続分なきことの証明書を交付した。なお原告の京都市への出張について富山への出張分とかねて原告は被告から旅費を受領したほか、日当及び調査料として三万円を受領している。

6　原告は平成三年三月から九月までの間に、Cに対し電話で八回程度、手紙で一回相続分の買取りの説得をし、Cの相談役と称するKにも電話で八回以上電話している。Cはアル中であり、原告は同人から夜間数回脅迫電話を受けたため、行政書士のXにも折衝を依頼した。原告が一〇回程度、Xが一回、東京都内のC方に出張して面談のうえ折衝し、平成二年一一月二一日に相続分なきことの証明書と引換えに現金を交付してきた。

7　原告は平成三年三月から九月までの間に、Eに対し電話で八回程度、手紙で三回相続分の買取りの説得をした。原告の説得に容易に応じないため、Xにも折衝を依頼した。原告とXが三回程度東京都内のE方に出張して面談し平成三年四月二三日に相続分なきことの証明書と引換えに現金を交付してきた。

8　原告は平成三年三月から九月までの間に、F、Gに対して電話一二回程度、手紙で二回相続分の買取りの説得をした。原告の説得に容易に応じないため、Xにも折衝を依頼した。原告とXが三回程度東京都内の同人方に出張して面談し、平成三年八月頃遺産分割協議書及び承諾書を作成した。

9　原告は平成三年三月から九月までの間に、Hに対し電話で一二回程度、ファックスで二回程度相続分の買取りの説得をした。当初住所が明らかでなかったため、Xに調査及び折衝を依頼した。Hが被告と犬猿の仲で被告を全く信用していなかったことから、折衝は困難を極めたが、原告が二回、Xが六回、東京都内の同人方に出張して面談し、平成三年八月頃に相続分なきことの証明書を作成するに至った。

10　原告は平成三年三月から九月までの間に、Iに対し電話で二〇回程度、ファックスで五回程度相続分の買取りの説得をした。Iが被告を信用していなかったことから、折衝は困難であったが、原告の説得の結果、原告を信用してとのことで平成三年九月頃被告がIに対し八〇〇万円支払うという条件で相続分なきことの証明書が作成された。

11 原告は平成三年三月から九月までの間に、Jに対し電話で八回程度、手紙で三回相続分の買取りの説得をした。Jが被告に不信感をもっていたため、折衝は困難であったが原告の説得の結果、原告を信用してとのことで、平成三年九月頃被告がJに五〇〇万円を支払うという条件で相続分なきことの証明書が作成された。

12 原告は被告に対し平成三年三月から九月までの間に多数回電話で打ち合せをしたほか、平成二年二月二七日、四月二七日、平成三年六月二五日、八月一〇日、平成四年一月二六日出張し原告と面談している。平成三年六月二五日、八月一〇日、平成四年一月二六日の面談の際にはXも立ち会っている。

13 原告は平成三年七月頃富山市内のY司法書士に亡甲の相続財産につき被告に対し所有権移転登記をする旨依頼した。

14 右事務を遂行するのに原告が立替えた金員及び実費（但し、被告から受領した分を除く）は印紙証紙代二万四〇〇〇円、旅費三万円、電話ファックス代一五万円、切手二万〇九〇〇円、写真代二一四〇円である。

15 原告は平成四年二月頃平成三年九月頃被告に対し報酬として一〇七万四〇四〇円の請求をしていたところ、被告はその支払を全くしなかった。そこで原告は被告に右報酬の支払をさせるため、被告に対し金融業者から五〇〇万円の融資を受けることを提案したところ、被告はこれを承諾した。原告は平成四年二月末頃被告が五〇〇万円の融資を受けられるよう手配したが、同年三月一日被告は右融資を受けることを拒否した。

三 右原告の遂行した事務に対する報酬額がいくら相当であるかにつき検討する。

1 まず、原告は原告の遂行した事務が行政書士の業務としてなされたものであるから行政書士報酬額票に基づきその報酬額を算出すべきである旨主張するのでその当否につき検討するに、原告の遂行した事務のうち、相続財産、相続人の調査、相続分なきことの証明書や遺産分割協議書等の書類の作成、右各書類作成にあたってA、B、C、D、E、F、G、H、I、Jに遺産分割についての被告の意向を伝え、右各書類の内容を説明することについては行政書士法一条に規定する「権利義務又は事実証明に関する証明」の作成にあたるので行政書士の業務の範囲内であるということができる。

しかし、亡甲の相続人であるA、C、D、E、F、G、H、I、Jが遺産分割についての被告の意向を了承せず、遺産分割について紛争が生じ争訟性を帯びてきたにもかかわらず、A、C、D、E、F、G、H、I、Jが相続により取得した権利を被告が買い取るべく原告がA、B、C、D、E、F、G、H、I、Jと折衝することは単に行政書士の業務の範囲外であるというばかりでなく、弁護士法七二条の「法律事務」に該当し、いわゆる非弁活動になるといわなければならない。したがって、原告がA、B、C、D、E、F、G、H、I、Jと折衝したことについての報酬を原告は請求できないというべきである。

また、原告は被告から報酬を受けるため被告に融資の斡旋をしたことについても報酬を請求しているが、融資の斡旋をすることは行政書士の業務の範囲外であるうえ、右融資の斡旋について被告が有償で原告に依頼したものと認められないので、右融資の斡旋については報酬を請求できないというべきである。

さらに、司法書士に所有権移転登記の依頼をすることは行政書士の業務の範囲外であるが、右事務は有償で被告が原告に依頼したものと認められるので、右事務についての報酬は請求できるものと解される。

（出典：判例タイムズ829号　P. 227～P. 232より抜粋）

判例5

司法書士が訴訟関係書類の作成にあたり、依頼者に助言・指導することは、それが一般的な法律常識の範囲内で、かつ、個別的な書類作成業務に収束されるものであれば、弁護士法第72条に違反しないとされた事例

対象事件：高松高裁昭52（う）第49号
事 件 名：弁護士法違反被告事件
年月日等：昭和54年6月11日第三部判決
結　　果：破棄自判
原　　審：松山地裁西条支部昭51（わ）第142号　昭和52年1月18日判決

➤ 判決要旨

司法制度上、司法書士に対しては弁護士のような専門的法律知識を期待しているのではなく、国民一般として持つべき法律知識が要求されており、司法書士が行う法律判断作用は、嘱託人の嘱託の趣旨内容を正確に法律的に表現し、司法の運営に支障をきたさない限度で、法律常識的な知識に基づく整序的な事項に限って行われるべきもので、それ以上専門的な鑑定に属すべき業務に及んだり、代理その他の方法で他人間の法律関係に立ち入るのは司法書士の業務範囲を超えるものである。その基準は、結局その行為が嘱託に基づく書類作成行為に収束されるものであるか、これを超えて事件の包括的処理に向けられ、事件内容について法律判断を加え、他人間の法律関係に立ち入るものであるかによって決せられる。

➤ 解説（筆者）

本判決の第1審では、司法書士である被告が依頼を受けて行った、横領被害について相手方と示談交渉すること、担保物件の競売延期を指導実行したこと、支払請求に疑義のある手形債権の支払いを依頼者に代わって請求したことなど７件の業務について弁護士法第72条違反として提訴され、７件のうち４件が無罪と判示されました。本判決は、それを受けて検察官から提起された控訴事件です。第１審判決においては「国が司法書士法を規定して一定の資格を有する者のみを司法書士としその書類作成業務を独占的に行わせ他の者にその業務の取扱いを禁止しているのは、結局これら国民の権利義務に至大の関係を有する書類を一定の資格を有し、当の法律的素養のある者に国民が嘱託して作成してもらうことが国民の利益公共の福祉に合致するからである。」としたうえで、「司法書士は書類作成業務にその職務があるのであるが他人の嘱託があった場合に、唯単にその口述に従って機械的に書類作成に当るのではなくその嘱託人の目的が奈辺にあるか書類作成を依頼することが如何なる目的を達するためであるかを嘱託人から聴取したところに従い、その真意を把握し窮極の趣旨に合致するように法律的判断を加えて当該の法律事件を法律的に整理し完結した書類を作成するところにその業務の意義がある」としています。そして、書類作成嘱託の目的に反しない限り司法書士が法律相談に応ずることは何ら差し支えないが、書類作成の域を超えて他人間の法律的紛争に立ち入って書類作成に関係のないことまで法律事務を取り扱うことは司法書士の業務に反し、弁護士法第72条違反の場合も出てくるとしました。その判断基準としては、自らの意志決定により自己の判断を以って法律事件の紛議の解決を図ろうとしたものであるかどうかによって判断すべきと結論付けています。これについて、本判決では「弁護士とても権限はともかく、全く自由に自己の判断に基づいて事件の処理をしているのではない」として「自己の意志決定とか自己の判断とかそれ自体必ずしも明確に区別することのできない基準を設定すべき合理的な理由は認められない」として退けています。また、「司法書士が他人から嘱託を受けた場合に、唯単にその口述に従って機械的に書類作成に当たるのではなく、嘱託人から真意を聴取しこれに法律的判断を加えて嘱託人の所期の目的が十分叶えられるように法律的に整理するべきことは当然であり、職責でもある」としてほぼ第1審判決と同様に判示しつつも、「制度上、司法書士に対しては弁護士のような専門的法律知識を期待しているのではなく、国民一般として持つべき法律知識が要求されていると解され、従って上記の司法書士が行う法律判断作用は、嘱託人の嘱託の趣旨内容を正確に法律的に表現し、司法（訴訟）運営に支障をきたさない限度で、法律常識的な知識に基づく整序的な事項に限って行われるべきもので、それ以上専門的な鑑定に属すべき業務に及んだり、代理その他の方法で他人間の法律関係に立ち入るのは司法書士の業務範囲を超えたものといわなければならない」とし、司法書士の業務範囲については第1審判決より制限をしています。そして、弁護士法第72条違反となるかどうかの判断基準としては、その行為の実質で判断する必要があり、司法書士の業務ないしこれに付随する業務であるかどうかは、「結局はその行為が嘱託に基づく書類作成行為に収束されるものであるか、これを超えて事件の包括的処理に向けられ事件内容について鑑定に属する如き法律判断を加え、他人間の法律関係に立ち入るものであるかによって決せられると解するべき」と結論付けています。以上の判示に照らし、第1審において無罪とされた4件のうち、司法書士の業務範囲を超えて自己の法律知識に基づき訴訟事件の内容について判断を下し、訴訟維持の指導などをしたと認められたもの2件、司法書士の業務を逸脱して自己の法律知識に基づき損害賠償事件の損害賠償額などにつき判断し、訴状を作成したと認められたもの1件は本判決において有罪とされました。しかし、他の1件については「若干事実調査や判例を調べて訴状を作成したにとどまり、依頼者に教示した点も一般的な法律常識的な事項にとどまる」として司法書士業務の範囲内と認め、第1審判決のまま無罪とされました。

➢ 主文

原判決を破棄する。

被告人を懲役三月に処する。

この裁判確定の日から一年間右刑の執行を猶予する。

➢ 理由（抜粋）

第一　控訴趣意第一(弁護士法七二条、七七条の解釈適用の誤りの論旨)について

本件は、司法書士たる被告人にかかる弁護士法七二条違反の事案である。司法書士は、弁護士業務の一部を業務としているので、司法書士が法令に従い執行した業務は弁護士法七二条に該当しても、正当な業務による行為として適法であることはいうまでもないが、もし業務の範囲を逸脱した行為が同条の要件を充せば、司法書士といえども処罰を免れることはできない。本件の争点は、被告人の行為が業務の範囲を逸脱したかどうかにある。

一　弁護士法七二条は、その本文において「弁護士でない者は、報酬を得る目的で訴訟事件、非訟事件及び審査請求、異議申立て、再審査請求等行政庁に対する不服申立事件その他一般の法律事件に関して鑑定、代理、仲裁若しくは和解その他の法律事務を取り扱い、又はこれらの周旋をすることを業とすることができない。」と規定している。そして右規定にいわゆる「その他一般の法律事件」とは同条例示事件以外の権利義務に関し争があり、若しくは疑義があり又は新たな権利義務関係を発生する案件を指すものと解すべく、原判決もこの点に関し見解を一にする。つぎに右規定にいわゆる「その他の法律事務を取り扱う」とは同条例示の事務以外の法律効果を発生、変更する事項の処理を指すものと解すべきである（東京高裁昭和三九年九月二九日判決、高裁刑集一七巻六号五九七頁）。右の法律事務は、同条に定めるとおり訴訟事件等同条列記の事件の外前示の一般の法律事件に関して取り扱われることを要する

から、これらの事件に該当しない、争訟性のない事柄に関する場合が除外されることは当然である。

訴訟関係事務の処理は、伝統的に主要な弁護士業務であり、訴訟関係書類特に訴状等の作成がすぐれて法律専門的な弁護士業務に属する事務であることは明らかであつて、右の「法律事務の取り扱い」に当ることは多言を要しない。原判決のように、弁護士法七二条の右文言をあたかも主体が司法書士であるかどうかによつて別異に解釈しようとする如き必要性は認められず、このように限定的に解するのは相当でない。

また、同条の制定趣旨は、最高裁昭和四六年七月一四日大法廷判決(刑集二五巻五号六九〇頁)が示すとおりであつて、原判決も引用するように、「弁護士は、基本的人権の擁護と社会正義の実現を使命とし、ひろく法律事務を行うことをその職務とするものであつて、そのために弁護士法には厳格な資格要件が設けられ、かつ、その職務の誠実適正な遂行のため必要な規律に服すべきものとされるなど、諸般の措置が講ぜられているのであるが、世上には、このような資格もなく、なんらの規律にも服しない者が、みずからの利益のため、みだりに他人の法律事件に介入することを業とするような例もないではなく、これを放置するときは、当事者その他の関係人らの利益をそこね、法律生活の公正かつ円滑ないとなみを妨げ、ひいては法律秩序を害することになるので、同条は、かかる行為を禁圧するために設けられたものと考えられるのである。」

このような同条制定の趣旨からすれば、弁護士法所定の登録を経た弁護士でない者が、報酬を得る目的で業としてする限り、それが紛争解決に直接結び付く事項であるかどうかや、態様のいかんにかかわらず、鑑定、代理、仲裁、和解はもとより、その外にも法律上の効果を発生変更する事項を処理することを禁止するものと解するのが相当である。原判決が、同条に例示している鑑定、代理、仲裁、和解等の意義に照らし自己の意志決定によつて法律事件に参与し、鑑定、代理、仲裁、和解等の手段方法をもつて自己の判断で事件の解決を図ろうとすることであるとし、訴訟関係書類の起案作成だけでは紛争の解決に当らず、問題解決自体は裁判所の判断という後日に残された問題であるとする点は、弁護士とても権限はともかく、全く自由に自己の判断に基づいて事件の処理をしているのではなく、依頼者の意向に従つていること、裁判所に判断を求める限り問題の解決を図るものは裁判所であつて、当事者や代理人ではないから、原判決の見解によると、裁判所の判断を求めるため書類を作成する限り司法書士はその過程においていかなる事もなし得るというに等しいことになつて、不当であるばかりでなく、弁護士との差異は唯訴訟委任状の存否にとどまるものとなる奇現象を呈することとなる。弁護士法七二条の右文言につき、自己の意志決定とか自己の判断とかそれ自体必ずしも明確に区別することのできない基準を設定すべき合理的な理由も認められず、これを紛争解決に直接結びつく事項に限る理由もない。

二　司法書士は、他人の嘱託を受けて、その者が裁判所、検察庁に提出する書類を作成することを業としている（司法書士法二条一項二号。なお、司法書士は同項一号三号の業務も行うが、本件では関係がないので触れない。司法書士法は昭和五三年法律第八二号によつて改正されているが､本件で述べることは法改正の前後により変らないと考えるので、条文の引用は新法による）。

司法書士の業務である右の訴訟関係書類の作成は、前述のとおり、弁護士の主要業務の一部と全く同一であることからして、右書類作成については相当な法律知識を必要とすることは司法書士法一条の二の規定をまつまでもなく明らかであり、また国が司法書士法を制定して一定の資格を有する者のみを司法書士としてその書類作成業務を独占的に行わせ、他の者にその業務の取扱を禁止している趣旨からして、司法書士が他人から嘱託を受けた場合に、唯単にその口述に従つて機械的に書類作成に当るのではなく、嘱託人から真意を聴取しこれに法律的判断を加えて嘱託人の所期の目的が十分叶えられるように法律的に整理すべきことは当然であり、職責でもある。

けれども、弁護士の業務は訴訟事件に関する行為その他一般の法律事務の取り扱いにわたる広範なものであるのに対し、司法書士の業務は書類作成に限定されていること、弁護士は通常包括的に事件の処理を委任されるのに対し、司法書士は書類作成の委任であること、前述のように訴訟関係書類の作成が弁護士業務の主要部分を占めているのに対し、司法書士の業務は沿革的に見れば定型的書類の作成にあつたこと、以上の相違点は弁護士法と司法書士法の規定のちがい特に両者の資格要件の差に基くこと、並びに弁護士法七二条の制定趣旨が前述のとおりであること等から考察すれば、制度として司法書士に対し弁護士のような専門的法律知識を期待しているのではなく、国民一般として持つべき法律知識が要求されていると解され、従つて上記の司法書士が行う法律的判断作用は、嘱記人の嘱託の趣旨内容を正確に法律的に表現し司法（訴訟）の運営に支障を来たさないという限度で、換言すれば法律常識的な知識に基く整序的な事項に限つて行われるべきもので、それ以上専門的な鑑定に属すべき事物に及んだり、代理その他の方法で他人間の法律関係に立ち入る如きは司法書士の業務範囲を越えたものといわなければならない。なお弁護人指摘の大審院昭和二〇年一二月二二日判決、東京高裁昭和四七年一二月二一日判決は、いずれも司法書士が嘱託人の代理権の存在を調査すべき義務を認めたものであつて、前記説示と合いこそすれ何ら反しない。

また、原判決が弁護士の数が少い僻地では司法書士が一般大衆のために法律問題についての市井の法律家として役割を荷つていることから、司法書士の業務範囲を拡張して是認するかの如き論旨は、立法論として検討に値するものがあるとはいえ、これを現行法の解釈として採用し司法書士に広範な権限が委ねられているとすることはできず、また弁護士と司法書士はともに法律生活における分業関係に立つことは明白であるが、その範囲は司法制度の構成全般から承認されるべきことも当然である。

司法書士が、他人の嘱託を受けた場合に、「訴を提起すべきか、併せて証拠の申出をすべきか、仮差押、仮処分等の保全の措置に出るべきか、執行異議で対処すべきか」などまで判断するとともに、「資料の収集、帳簿の検討、関係者の面接調査、訴訟維持の指導」をもなすことが、司法書士の業務ないしこれに付随する業務であるかどうかは、その行為の実質を把握して決すべきである。例えば訴状を作成する段階でも証拠の存在内容を念頭に置く必要があるし、前示の一般的な法律常識の範囲内で助言指導をすることは何ら差支えない。これを一律に基準を立てて区分けすることは困難であつて、結局はその行為が嘱託に基く事務処理全体から見て個別的な書類作成行為に収束されるものであるか、これを越えて事件の包括的処理に向けられ事件内容についての鑑定に属する如き法律判断を加え、他人間の法律関係に立ち入るものであるかによつて決せられると解すべきである。

三　司法書士の業務は、前述のように、弁護士業務の一部であり弁護士法七二条にいう訴訟事件その他一般の法律事件に関し法律事務を取り扱つたことに該当し、しかも報酬目的で業としてなされることも明白であるが、もちろん法律が特に弁護士以外の者にその業務の一部を行うことを認めたものであつて、いわゆる正当な業務行為として適法であることはいうまでもない。しかし、法令の定めに従わない業務執行が違法性を阻却し得ないこともいうまでもなく、司法書士は司法書士法で定められた限度で業務として他人間の事件、権利義務関係に関与するのであるから（それ故に、法一〇条は特に司法書士は、その業務の範囲を越えて他人間の訴訟その他の事件に関与してはならないと規定し、その違反を懲戒の事由とし刑罰を科することとする。)、業務範囲を逸脱した行為が弁護士法七二条の構成要件を充足するときは(それは必ずしも司法書士法一〇条の規制範囲と一致しない。)、もはや正当な業務として違法性が阻却される理由はなくなり、司法書士本来の業務である書類作成行為も、業務範囲を逸脱した行為の一環としてなされたときは、全体として違法評価を受けることを免れないと解すべきである。なおこの場合、右の業務範囲を逸脱した行為自体について、同条所定の反覆業務性及び報酬目的が具わつていることを要すると解すべきである。

第二　控訴趣意第二(事実誤認の論旨)について

そこで、被告人のなした行為が具体的にいかなるものであつたかについて見ていくこととする。

一　原審で取調べた被告人の捜査官に対する各供述調書によれば、被告人は同志社大学法学部を卒業し、大学に助手として残るように勧められたがこれを断り、数か所勤めたのち、元来法律が好きなため、法律を研究しながらできる仕事として昭和二七年司法書士となつて愛媛県司法書士会に属し、同県新居浜市内に事務所をもつたが、司法書士となつて一、二年経つたころから本来の業務である登記事務などは困難なもののほかは知り合いの同業者に委ね、主として訴訟関係の事務を扱うようになり、一人前に訴訟事件をこなして行きたいとの考えから熱心に研究し、頼まれればわが事のようにあらゆる手段方法で争い、徹底して結末をつけないと気が済まない性格のため、愛媛県下はもとより香川県からも被告人を頼つて法律事件の解決を求めて来るようになつたこと、被告人は事務所に所定の報酬額を掲示せず事件簿の調整も怠つていたことが認められる。

二　公訴事実第二について

後掲証拠の標目中関係証拠によれば、次の事実を認めることができる。被告人は、昭和四八年一〇月ころ、交通事故の関係者を連れて西条市の

X 弁護士事務所へ行つた際、A が同弁護士を訪ねて来て、会社乗取り事件の話をしているのに口を挟んだことから、同人が数回被告人方を訪ねて来て同人が前記 X 弁護士により追行中の訴訟の関係書類を見せて説明し、これについての被告人の意見、法律解釈、今後の対策を尋ね、被告人の意見に賛同した同人の依頼により、被告人は X 弁護士に自分の意見を具申したが、同弁護士の取上げるところとならなかつた。しかし A は被告人の意見を尊重し、その意見をわが意見として X 弁護士に伝えていた。そのころ、A の宅地を同人が乗取られたとする○○株式会社が通行していることにつき、被告人は同人に対し別に通行権問題でやつてみるように言い、同人はこれに従い同会社に対し、自分の敷地を通るのであれば使用料を支払うべき旨の内容証明郵便を出したところ、伊予三島簡易裁判所から同会社申請にかかる通行妨害禁止の仮処分があり、被告人の指示により起訴命令を申立てて同年中に本訴が提起されるに至つたが、被告人は A から右訴訟の指導方を依頼されてこれを了し、同人方へ赴いて実地を見分するとともに写真を撮影し、主張及び証言の要点を教えるなど同人と緊密な連絡を取り、法廷にはもとより同人が出頭するが被告人の指示通りに進めることとなり、被告人は答弁並に抗弁書(昭和四九年一月一八日付)、準備書面(同年三月九日付)、上申書(同年六月二日付)を作成し、さらに一審判決の不服点を教え、控訴状(同年九月付及び一〇月一日付)、準備書面(昭和五〇年一月一二日付、一〇月二〇日付)、通行料請求調停申立書(同年四月一〇日付)を起案作成して同人に手渡しまたは自ら裁判所に郵送し、A から謝礼として昭和四九年一月、二月、九月ころの三回に分け合計金三五万円を受領した。なお、昭和五一年一月に上告状を作成したが期限を徒過して上告しないで終つた。

右事実によれば、被告人は通行権確認訴訟の被告である A のため司法書士の業務範囲を越えて自己の法律知識に基き右事件の内容について判断を下し、これを訴訟関係書類に作成して訴訟維持の指導等をしたものと認められる。

三　公訴事実第四について

後掲証拠の標目中関係証拠によれば、次の事実を認めることができる。被告人は昭和四七年一一月ころ、△△企業組合の役員Ｂの来訪を受け、組合長のＣが裏帳簿を作つて組合の金七〜八〇〇万円を横領しているように思うが、帳簿のことはわからぬ故一度調べて、どの位使込みがあるかを算出して欲しい。組合長のことだから責任さえ取つて弁償するなら話し合いで済ませたいからよろしく頼むと依頼されてこれを引受け、組合帳簿を持参させ、記帳した女子事務員から説明を求めて使い込みの事実を逐一確め、香川県三豊郡高瀬町所在の右組合にも調査に赴き、居合せたＣ本人とも直接面接したが、その際組合に弁償したらどうかという位の話は出たけれども、交渉という程のことはなかつた。その後、被告人はＢの相談に乗つて△△企業組合代表理事Ｂ名義同人の告訴状を作成し、同人が高瀬警察署に告訴するとともに、被告人も同署に赴いて事情を具申し、これが不起訴となつたため、同人から民事訴訟の提起方を依頼されてこれを引受け、請求金額六三七万余円とする訴状（昭和五〇年二月八日付、ただし昭和四八年二月の作成日付が上記のとおり訂正されている）、証拠申立書（昭和五〇年五月付）を起案作成して高松地方裁判所観音寺支部へ郵送し、Ｂからは逐一報告を受けて対処の仕方を教示し、裁判所から弁護士を入れないのかと言われたという同人に対し、まだ早い、わしが言うとおりにすれば済む、必要となつたら松山のＹ弁護士に頼んでやると答えた。同人から謝礼として昭和四七年一一月から五〇年三月までの間に七回位に分けて合計金五四万七、〇〇〇円を受領した。

右事実によれば、被告人はＢの依頼を受け司法書士としての業務範囲を逸脱してＣの使込み事件の処理を引受け、自己の法律知識に基き事件の内容を判断し、これを訴訟関係書類に作成し訴訟維持の指導等を行つたものと認められる。

四　公訴事実第六について

後掲証拠の標目中関係証拠によれば、次の事実を認めることができる。被告人は昭和五〇年九月ころ、Dが、同人の妻Eが昭和四八年四月四日に単車を運転中××建設ことFのトラック（運転者G）と衝突して重傷を負つた交通事故に関し、保険会社から二八〇万円しか支給されないことに満足できず、Zの紹介で被告人に依頼して来た際、これだけひどい怪我をしているのに二八〇万円ということはない。こんなことで判をついたらいかん。保険会社にある書類を貰つて来てまず××の方へ請求すれば××が保険会社に請求することになるからその手順でやつてあげる。××の方にかけ合うのはわしにまかせと言い、早速Zを通じて報酬等として金四〇万円を受領した。印鑑証明や委任状も得たが、訴訟をしないと解決の目処がなかつたため二、三度事故現場に赴いてDから説明を聞き、道路状況や衝突の部位、態様を勘案して過失の有無、割合を判定し、さらに養鶏を営んでいた被害者の逸失利益を多数の資料と算式により算出する等して請求額を八五二万余円とする訴状（昭和五一年四月三日付）を作成して松山地方裁判所西条支部に提出し、なお被害者には後遺症があつて出廷できないため弁護士に話してやると言い、また準備ができていないから延ばせと言つて期日変更申請方を指導した。

右事実によれば、被告人がDから交通事故による損害賠償事件の依頼を受けてこれを引き受け司法書士の業務を逸脱して、自己の法律知識に基き損害額等につき判断し、これを訴状に作成提出したものと認められる。

五　公訴事実第七について

関係証拠によれば、Hは同人の妻の姪に当るIとの婚約をJが破棄したことについて、慰謝料一五〇万円位を要求して同人と交渉していたが解決に至らなかつたため、裁判にするほかないと考え、昭和五〇年九月二〇日ころ十数年来司法書士として交際があり相談相手としている被告人を訪ねた。被告人は両者間の交際の程度が内縁にまで達しているかどうか、Iの結婚準備の程度、今後の生活見通しなどを同女について調査し、判例等に当つて慰籍料額を算定し、同女の言い分を認めた内容証明郵便を作成し、右Hにおいてこれを郵送したが、相手からも内容証明郵便による返事があり、Hとしては訴訟を起す決意をして訴状の作成方を依頼し、被告人はこれに応じて訴状を作成してHに交付し松山地方裁判所西条支部に提出した。その後J側の答弁書を持参して来た右Hに対し、訴状に書いてあることが間違いないと言えばよいし証人を調べるのであれば相談に来いと言い、同人から報酬として昭和五〇年九月と一〇月に二回に分け合計金一〇万円を受取つた事実を認めることができる。

右によると、被告人は永年つき合いのあるHの嘱託により若干事実調査や判例を調べて訴状を作成したにとどまり、またHに教示した点も一般的な法律常識的な事項にとどまるものと考えられるから、これらは司法書士業務の範囲内にあるものと認められる。

六　そして後記証拠の標目に掲げる証拠及び原判決挙示の証拠によれば、被告人は前示の各業務範囲逸脱行為につき報酬を得る目的があり、かつ業として行つたものと認めることができる。なお、弁護人の所論に鑑み、原判示有罪部分についても前記説示に従い検討したが、いずれも原判決の認定を肯認することができ、誤りがあるとは認められない。

第三　以上の理由により、公訴事実第七については弁護士法七二条に違反しないが、同第二、第四、第六については同条に違反し同法七七条に該当するものであるのに、原判決がこれらの事実につき司法書士業務に属し右法条に違反しないとしたのは、法令の解釈を誤り事実を誤認したものであつて、これが判決に影響を及ぼすことが明らかであるから、原判決はこの点において破棄を免れない。論旨は右の限度において理由がある。

（出典：判例タイムズ388号　P. 57～P. 62より抜粋）

判例６

個人の鑑賞ないしは記念のための品として作成された家系図は、行政書士法第１条の２第１項にいう「事実証明に関する書類」に当たらないとされた事例

対象事件：最高裁平20（あ）第1071号

事 件 名：行政書士法違反被告事件

年月日等：平成22年12月20日第一小法廷判決

結　　果：破棄自判

原　　審：札幌高裁平19（う）第339号　平成20年５月13日判決

原 原 審：釧路地裁網走支部平19（わ）第14号　平成19年10月24日判決

➢ 判決要旨

本件家系図は、個人の観賞ないしは記念のための品として作成されたものであり、対外的な関係で意味のある証明文書として利用されることが予定されていたことをうかがわせる具体的な事情は見当たらないため、行政書士法第１条の２第１項にいう「事実証明に関する書類」に当たらない。

➢ 解説（筆者）

行政書士法第１条の２第１項には、「行政書士は、他人の依頼を受け報酬を得て、官公署に提出する書類その他権利義務又は事実証明に関する書類を作成することを業とする。」と定められています。本件は、行政書士でない被告が、行政書士である共犯者と共謀し、合計６名からの依頼を受けて計6回にわたり報酬を得て家系図を作成した行為について、その家系図が行政書士法第1条の2第1項に定める「事実証明に関する書類」に該当し、業として行政書士業務を行ったとして行政書士法違反に問われた事案です。第1審判決は、公訴事実どおりの事実を認定し、被告人を懲役8月、2年間執行猶予に処し、原判決もこれを維持しました。本判決においては、被告が作成した家系図について、「本件家系図は、自らの家系図を体裁の良い形式で残しておきたいという依頼者の希望に沿って、個人の観賞ないしは記念のための品として作成されたと認められるものであり、それ以上の対外的な関係で意味のある証明文書として利用されることが予定されていたことをうかがわせる具体的な事情は見当たらない。」とし、「このような事実関係の下では、本件家系図は、依頼者に係る身分関係を表示した書類であることは否定できないとしても、行政書士法第1条の2第1項にいう「事実証明に関する書類」に当たるとみることはできない」と判示し、被告が業として本件家系図を作成した行為は行政書士法違反に該当しないとして、原判決及び第1審判決を破棄しています。補足意見として行政書士法第1条の2第1項にさだめる「事実証明に関する書類」の内容については文理上、「官公署に提出する書類」に匹敵する程度に社会生活の中で意味を有するものに限定されるべき」として、行政書士法第1条における「行政に関する手続の円滑な実施に寄与するとともに国民の利便に資する」という立法趣旨からしても、あまりに広い解釈をもって行政書士の独占業務とすることは相当でないとしています。

➢ 主文

原判決及び第1審判決を破棄する。

被告人は無罪。

➢ 理由

1　本件公訴事実の要旨は、「被告人は、行政書士でなく、かつ、法定の除外事由がないのに、第１　共犯者甲と共謀の上、業として、別表１記載のとおり、平成18年６月25日から平成19年３月６日までの間、前後３回にわたり、北海道斜里郡の被告人方において、３名から依頼を受け、事実証明に関する書類である家系図合計３通を作成し、その報酬として合計33万8685円の交付を受け、第２共犯者乙と共謀の上、業として、別表２記載のとおり、平成18年７月10日から平成19年４月１日までの間、前後３回にわたり、前記被告人方において、３名から依頼を受け、事実証明に関する書類である家系図合計３通を作成し、その報酬として合計56万7000円の交付を受け、もって行政書士の業務を行った。」というものであり、同公訴事実を記載した起訴状には、別紙として、依頼日、依頼者、家系図交付日、報酬額等を記載した「別表１」及び「別表２」が添付されていた。

第１審判決は、上記公訴事実どおりの事実を認定した上、刑法60条、行政書士法21条２号（平成20年法律第３号による改正前のもの。以下同じ。）、19条１項を適用して被告人を懲役８月、２年間執行猶予に処し、原判決もこれを維持した。すなわち、原判決及びその是認する第１審判決は、被告人が作成した家系図合計６通（以下「本件家系図」という。）は、行政書士法第１条の２第１項にいう「事実証明に関する書類」に該当するとして、被告人が業として本件家系図を作成した行為は同法19条１項に違反し、同法21条２号に該当すると判断した。

２　所論は、本件家系図が上記「事実証明に関する書類」に該当しないと主張するところ、原判決及びその是認する第１審判決の認定並びに記録によれば、本件の事実関係は、次のとおりである。

（１）本件家系図は、戸籍の記載内容を図に表し、親族の名、続柄、出生の年月日及び出生地、死亡の年月日及び死亡地、婚姻の年月日等を記載し、右側上部に「何々（姓）家系図」、左側下部に日付及び「Ａ工房」の文言を付記した巻物状のものである。

（2）被告人は、依頼者に送付した被告人作成のパンフレット等に、家系図は1枚の和紙に記載し、その表装はプロの表装師が行い、桐の箱に収めるなどと記載し、現に、取り寄せた戸籍謄本等をもとに、パソコンのイラスト作成ソフトを用いて家系図の原案を作成すると、その電子データを印刷業者に送って美濃和紙に毛筆書体で印字させ、こうしてできたものを表装業者に送って掛け軸用の表装具を使って表装させ、さらに、これを保管するための桐箱を木箱製作業者に作成させるなどして本件家系図を作成した。

（3）上記パンフレットには、「こんな時にいかがですか？」という見出しのもとに「長寿のお祝い・金婚式・結婚・出産・結納のプレゼントに」、「ご自身の生まれてきた証として」、「いつか起こる相続の対策に」と記載されているものの、本件の各依頼者の家系図作成の目的は、自分の先祖の過去について知りたい、仕事の関係で知り合った被告人からその作成を勧められて作成した、先祖に興味があり和紙で作られた立派な巻物なので家宝になると思った、自分の代で家系図を作っておきたいと考えたなどというもので、対外的な関係での具体的な利用目的を供述する者はいない。

3　上記の事実関係によれば、本件家系図は、自らの家系図を体裁の良い形式で残しておきたいという依頼者の希望に沿って、個人の観賞ないしは記念のための品として作成されたと認められるものであり、それ以上の対外的な関係で意味のある証明文書として利用されることが予定されていたことをうかがわせる具体的な事情は見当たらない。そうすると、このような事実関係の下では、本件家系図は、依頼者に係る身分関係を表示した書類であることは否定できないとしても、行政書士法1条の2第1項にいう「事実証明に関する書類」に当たるとみることはできないというべきである。

4　したがって、被告人が業として本件家系図を作成した行為は行政書士法19条１項に違反せず、被告人に同法違反の罪の成立を認めた原判決及び第１審判決は、法令の解釈適用を誤った違法があり、これが判決に影響を及ぼすことは明らかであって、原判決及び第１審判決を破棄しなければ著しく正義に反するものと認められる。

よって、刑訴法411条１号により原判決及び第１審判決を破棄し、同法413条ただし書、414条、404条、336条により被告人に対し無罪の言渡しをすることとし、裁判官全員一致の意見で、主文のとおり判決する。なお、裁判官宮川光治の補足意見がある。

裁判官宮川光治の補足意見は、次のとおりである。

行政書士法１条の２第１項にいう「事実証明に関する書類」の外延は甚だ広く、行政書士法の立法趣旨に従い、その範囲は「行政に関する手続の円滑な実施に寄与し、あわせて、国民の利便に資する」（同法１条）という目的からの限定を受けるべきであるとともに、職業選択の自由・営業の自由（憲法22条１項）と調和し得るよう合理的に限定解釈されるべきものである。そして、行政書士法１条の２第１項では「官公署に提出する書類その他権利義務又は事実証明に関する書類」とあり、文理上、「事実証明に関する書類」の内容については「官公署に提出する書類」との類推が考慮されなければならない。このように考えると、「事実証明に関する書類」とは、「官公署に提出する書類」に匹敵する程度に社会生活の中で意味を有するものに限定されるべきものである。

そもそも、家系に関する人々の関心は古くからあり、学問も成立しており、郷土史家をはじめとして多くの人々が研究調査し、ときに依頼を受けて家系図の作成を行うなどしてきたのである。そして、家系図の作成は、戸籍・除籍の調査にとどまらず、古文書・古記録を調査し、ある程度専門的な判断を経て行われる作業でもある。行政書士は、戸籍・除籍の調査に関しては専門職であるが、それを超えた調査に関しては、特段、能力が担保されているわけではない。家系図は、家系についての調査の成果物ではあるが、公的には証明文書とはいえず、その形状・体裁からみて、通常は、一見明瞭に観賞目的あるいは記念のための品物であるとみることができる。家系図作成について、行政書士の資格を有しない者が行うと国民生活や親族関係に混乱を生ずる危険があるという判断は大仰にすぎ、これを行政書士職の独占業務であるとすることは相当でないというべきである。

本件では、被告人は手数料を支払って行政書士から「戸籍謄本・住民票の写し等職務上請求書」を取得し、戸籍・除籍謄本の請求を行うという不正行為（平成19年法律第35号による改正前の戸籍法121条の２参照）を行っており、その点に問題があるというべきであるが、そうした行為は、本来、行政書士の自覚と自律を高めることにより予防すべきことであり、そして、今後は、戸籍法133条により不正行為者を処罰することとなろう。

（出典：最高裁判所ホームページ）

【相続業務における非弁行為に対する実務対応】

相続業務における業際問題については、その行為が弁護士法第72条に定める「非弁護士の法律事務の取扱い等の禁止」、いわゆる非弁行為に該当するかどうかが最大の論点となります。特に、同条に定める「その他一般の法律事件」について事件性の要件が必要かどうかの見解が分かれるところです。なお、ここでいう「事件性」とは、おおむね「紛争性」を意味すると考えればよいでしょう。

（非弁護士の法律事務の取扱い等の禁止）～再掲～

第七十二条　弁護士又は弁護士法人でない者は、報酬を得る目的で訴訟事件、非訟事件及び審査請求、再調査の請求、再審査請求等行政庁に対する不服申立事件その他一般の法律事件に関して鑑定、代理、仲裁若しくは和解その他の法律事務を取り扱い、又はこれらの周旋をすることを業とすることができない。ただし、この法律又は他の法律に別段の定めがある場合は、この限りでない。

事件性の要件が必要であるという見解は「事件性必要説」、事件性の要件は必要ないという見解は「事件性不要説」と呼ばれています。事件性必要説に立てば、事件性のない法律事件について法律事務を取り扱うことは本条違反に該当しない、すなわち非弁行為にならないことになります。つまり、非弁護士にとっては自身の業務範囲が広がることを意味します。また、事件性不要説に立てば、すべての法律事務は弁護士の独占業務となり、他の法律に別段の定めがない限り、弁護士しか行ってはいけないことになります。つまり、非弁護士にとっては自身の業務範囲が制限されることを意味します。したがって、事件性必要説は主に非弁護士によって主張され、事件性不要説は弁護士によって主張される傾向にあります。なお、弁護士法の所轄官庁である法務省は、事件性必要説を採用しています（85ページ **判例1** 参照）。両者の主張する論拠はおおむね以下のとおりです。

【事件性必要説】

・「一般の法律事件」の意義に関し、弁護士法第72条が訴訟事件や非訟事件を例示していることから、一般の法律事件も「事件」と呼ばれている案件及びこれと同程度に法律関係に争いがあって「事件」と表現されうる案件でなければならない。

・弁護士の職務範囲を規定した弁護士法第３条は「一般の法律事務」と規定しており、「一般の法律事件」とは異なる表現を用いていることから、処罰の範囲を限定的に捉えていると考えられる。

・「一般の法律事件」という包括的文言を限定的に解釈しなければ、処分の範囲が著しく拡大し、本来弁護士法第72条が想定していない事柄まで処分の対象となる。

・法律事件の激増に対する弁護士人口の絶対的不足、地域偏在という我が国の法律社会の実情から見て、事件性不要説は不合理である。

【事件性不要説】

・弁護士法第72条の立法趣旨（39～40ページ「弁護士の独占業務」参照）は、江戸時代の公事師のように資格もなく、なんらの規律にも服しない者が、みずからの利益のため、みだりに他人の法律事件に介入するような行為を禁圧するために設けられたものと考えられる。そのような趣旨に従えば、事件性の有無にかかわらず、非弁護士が業として行う一切の法律事務を禁止すべきである。

・処分の範囲が著しく拡大されるという懸念に対しては、他の成立要件（報酬を得る目的・業とすること）を厳格に解釈することによって対処すべきである。

・弁護士法第72条は刑罰規定であるため、「事件性」という曖昧な基準を処罰の要件にすることは適当でなく、刑罰法定主義の精神に反する。

・「法律事件」という文言から紛争性を導くことはあまりにも飛躍しており、家事事件特別法における非訟事件のように、実定法上「事件」と呼ばれるものの中にも紛争性のないものが存在する。

判例上は、「「一般の法律事件」とは、同条に列挙されている訴訟事件その他の具体的例示に準ずる程度に法律上の権利義務に関して争いがありあるいは疑義を有するものであること、いいかえれば「事件」というにふさわしい程度に争いが成熟したものであることを要すると解すべきである。」（札幌地裁判決昭和45年４月24日判タ251号 P. 305）として事件性必要説に親和的なものから、「弁護士法72条本文制定の目的は、法律的知識についてなんらの保証なく、かつ、法の規制を受けない者に、報酬を得る目的で、自由に法律事務を取り扱うことを許すとすれば、その結果、弁護士の品位を傷つける等の事態を惹き起す虞があるばかりでなく、それ以上に、多くの人々の法的生活を不安定に陥らせ、重大な社会混乱を招来する危険性なしとしないので、これらを防止するため、弁護士の職務の範囲内の事項につき非弁護士にその取扱を業とすることを認めないことにあることを考慮すると、両者（筆者注：弁護士法第３条第１項所定の弁護士の職務）の内容は全く同一であり、同法72条本文で弁護士でない者が取り扱うことを禁止されている事項は、弁護士の職務に属するもの総てに亘るものと云わなければならない。」（大阪高裁判決昭和43年２月19日高刑集第21巻１号80頁）とし、事件性不要説に親和的なものまで様々です。しかし、多くの判例は両者の中間的な立場から、「「その他一般の法律事件」とは、同条例示の事件以外の、権利義務に関し争があり若しくは権利義務に関し疑義があり又は新たな権利義務関係を発生する案件を指すものと解すべきである。」（東京高裁判決昭和39年９月29日高刑集第17巻６号597頁、札幌高裁判決昭和46年11月30日刑月３巻11号1456頁など）と判示しています。近時では、**判例１**で紹介したように、法的紛議が具体化又は顕在化していない場合でも、法的紛議が生ずることがほぼ不可避である案件も含まれるとされた判例もあり、少なくとも事件性の要件を全く必要としないとの立場は取っておらず、その意味においては事件性必要説に親和的な立場ということができます。

【相続業務における実務的対応】

以上の論点を踏まえ、相続業務における実務的対応を検討します。まず、すでに相続争いが顕在化している案件について、当然ながら非弁護士である私たち税理士や弁護士以外の他士業、その他の相続に関する専門家が、その紛争の解決について対応することはできません。税理士が顧問契約先から相続税申告を受任した場合であっても、顧問契約先である一方の相続人からの依頼により、他方の相続人と交渉するようなことは非弁行為に該当します。また、双方の相続人に対して争いの仲裁をするようなことも同様です。税理士としては、未分割のままで相続税の申告期限を迎えた場合の税務的なデメリットの説明や、分割方法の違いによる税額のシミュレーション、遺産分割協議の結果を受けての相続税申告書の作成などの対応にとどめるべきです。実務的には非弁行為に該当するかどうかの線引きが不明確な場合が多いため、紛争の解決は税理士業務でない旨をしっかりと顧問契約先に説明し、必要であれば弁護士に依頼するように促します。そのうえで、弁護士の紹介を依頼された場合は、協業する弁護士と連携すればよいでしょう。当初の受任段階では相続争いが顕在化していない場合でも、案件の進行中に争いの可能性が発生すれば、同様の対応をすることになります。また、事業承継対策などの場面で、税理士が自社株の買い取り交渉をすることなども非弁行為に該当します。そのような場合も、協業する弁護士と連携する必要があるでしょう。

4つ目の知恵

生前対策の業務と士業連携を知る

ここまで、税理士が相続業務において協業するために知っておかなければならない各士業の業際と、その解釈にあたって参考となる判例について確認してきました。ここからは、実際に協業すべき相続業務にはどのようなものがあるのかを解説します。相続業務は大きく「生前対策の業務」と相続開始後の「相続手続きの業務」に分かれます。まずこの章では、今後、相続マーケットにおいて拡大が見込まれる「生前対策の業務」について取り上げます。「生前対策の業務」は、「相続手続きの業務」に比べ依頼者のニーズが顕在化されていないことも多いため、一般的にはその受注が難しいといわれています。しかし、税理士事務所が相続業務に取り組むうえでは、「生前対策の業務」をいかに受注するかがカギとなります。なぜなら、「１つ目の知恵～税理士の相続業務アプローチを知る～」において述べたように、今後、マーケットの拡大が見込まれる高齢者の認知症対策や争族対策、おひとりさま対策などは、その多くが「生前対策の業務」になるからです。そこで、その業務内容の解説とともに、どのような顧問契約先に対してのアプローチが有効であるかも併せて解説します。

1 遺　言

(1) 遺言の目的

亡くなった人の最後の意思を尊重し、その意思を実現させることを目的として、民法において遺言制度が定められています。遺言を作成し、本人の意思を明確に残しておくことで、相続争いを未然に防ぐ効果もあります。また、公正証書遺言によることで相続開始後の金融機関における解約の手続きや、不動産の名義変更における手続きにおいて書類準備の手間を大幅に省くことができます。つまり、財産を渡す側である遺言者にとっては、財産承継に自分の意思を反映させることができるというメリットがあり、財産を受け取る側である相続人等にとっては、相続手続きにかける時間と労力を軽減させることができるというメリットがあります。そして、渡す側と渡される側の共通の願いである「相続争いを避ける」というメリットもあります。遺言の作成方式には様々なものがありますが、実務で対応するものは「公正証書遺言」と「自筆証書遺言」がほとんどです。したがって、ここではその２つの方式についての遺言作成の業務を取り上げます。

(2)　公正証書遺言の作成業務

①　公正証書遺言の概要

公正証書遺言は遺言者が公証人に遺言の内容を伝え、それに基づいて公証人が作成する公正証書です。公証人にはその法律行為が適法であることや、その手続きが適正に行われていることを公的に証明する権限があります。公正証書とは、公証人がその権限に基づいて作成する文章のことをいいます。したがって、公正証書遺言は、遺言が法律的に有効かどうかについて争いになる可能性が限りなく低いといえます。また、遺言書はそれを作成した公証人が執務する公証役場に保管されるため、紛失や偽造、変造を防ぐことができます。自筆証書遺言の場合は、原則として遺言者の死亡後に家庭裁判所において検認の手続きが必要であるのに対し、公正証書遺言は検認の手続きが不要です。

②　公正証書遺言の作成業務

公正証書遺言の作成業務は以下の手順で行います。

ⅰ．必要書類の収集

公証役場において公正証書遺言を作成するにあたっての必要書類を収集します。一般的には、以下の資料を収集します。

➢ 遺言書の作成のために必要となる資料

・遺言者の印鑑証明書

遺言者の本人確認のため

・遺言者の戸籍謄本

財産を相続させる相続人との続柄を確認するため

・受遺者の住民票

遺贈を受ける者を特定するため

・不動産の履歴全部事項証明書

相続させる又は遺贈する不動産を特定するため

・金融機関名、支店名、口座番号などがわかる資料

相続させる又は遺贈する金融資産を特定するため

・証人の住所・氏名・生年月日・職業がわかる資料

証人を特定するため

・遺言執行者の住所・氏名・生年月日・職業がわかる資料

遺言執行者を特定するため

➢ **公証人の手数料算定のために必要となる資料**

・直近の固定資産評価証明書または固定資産税課税明細書

遺言の対象となる不動産の評価額を確認するため

・金融資産の残高がわかる資料

遺言の対象となる金融資産の残高を確認するため

ⅱ. 文案の作成

遺言者と面談を行い、その意思を確認します。収集した資料を基に、遺言者の意思が適切に実現されるように文案を作成します。

ⅲ. 公証人との打ち合わせ

公正証書遺言を作成する日時を予約し、遺言書の文案と必要書類を提出します。公証人のチェックを経て、文案が完成します。

ⅳ. 公正証書の作成

当日の公正証書遺言の作成にあたっては、遺言者の推定相続人や受遺者、これらの配偶者や直系血族以外の者である証人２人以上の立会いが必要です。証人の役割は、遺言者が本人であること、遺言者の意思で遺言を作成していること、遺言の内容が公証人によって正確に記載されて

いることなどを確認することです。民法第969条に規定する公正証書遺言の作成方式によれば、作成当日に遺言者が公証人に遺言の内容を口頭で伝え、公証人がそれを筆記することになります。しかし、実務上は事前の打ち合わせにより、前もって公証人が書面を作成しておきます。そして、作成当日に公証人が改めて遺言者に遺言の内容について質問し、書面と一致しているかを確認します。そのうえで、遺言者と証人に遺言の内容を読み聞かせ、内容が正確であることについて承認を受けたのちに各自が署名捺印します。最後に公証人が署名捺印し、完成となります。完成した公正証書遺言のうち、「正本」と「謄本」がその場で遺言者に交付され、「原本」は公証役場に保管されます。遺言書を受け取ったのち、公証人に手数料を支払って当日の手続きを終了します。なお、公証人の手数料については、遺言の目的となった財産の評価額や受遺者の数などに応じた算出方法が法定されています。(図表⑬)

遺言者の自宅や入所している施設、入院先の病院などでも作成は可能ですが、公証人が所属する法務局又は地方法務局の管轄区域以外での作成はできません。また、公証人の基本手数料が1.5倍となるほか、日当や往復の交通費がかかります。

(3) 自筆証書遺言の作成業務

① 自筆証書遺言の概要

自筆証書遺言は文字どおり遺言者が自筆で作成する遺言です。ほとんど費用をかけることなく、一人で作成することもできます。それだけに、亡

図表⑬　公正証書遺言の作成手数料

目的の価額	手数料
100万円以下	5000円
100万円を超え200万円以下	7000円
200万円を超え500万円以下	11000円
500万円を超え1000万円以下	17000円
1000万円を超え3000万円以下	23000円
3000万円を超え5000万円以下	29000円
5000万円を超え１億円以下	43000円
１億円を超え３億円以下	４万3000円に超過額5000万円までごとに１万3000円を加算した額
３億円を超え10億円以下	９万5000円に超過額5000万円までごとに１万1000円を加算した額
10億円を超える場合	24万9000円に超過額5000万円までごとに8000円を加算した額

（注１）　手数料は財産を引き継ぐ人ごとに計算し、合計します。
（注２）　財産の評価額の合計が１億円以下の場合は11,000円が加算されます。

出典：日本公証人連合会ホームページ

くなった人の真意であることを明らかにしておかなければ後日の相続争いに発展しかねません。そこで、そのような相続争いを未然に防ぐために、その作成には厳格なルールが定められています。具体的にはその全文と日付、氏名を自書し、これに押印しなければなりません。また、遺言を加除訂正する場合にも厳密なルールが定められています。ただし、財産目録については、自書以外の方法によることも認められており、例えば、不動産の登記事項証明書や預金通帳のコピーなどを財産目録として用いることも可能です。自筆証書遺言を自宅などで保管する場合、公証役場で原本が保管される公正証書遺言に比べ、紛失や偽造、変造の可能性が生じやすいといえます。そのため、自筆証書遺言については法務局における保管制度が設けられています。この保管制度を利用することにより、遺言書の紛失や偽造、変造を防ぐことができます。また、遺言書の保管申請の際、法務局において形式が適正かどうかのチェックを受けることができます。ただし、この保管制度は遺言の内容について相談に応じてくれる制度ではないため、遺言者の意思が適切に実現されることを保証するものではありません。実務上の注意点は、保管制度を利用する場合の保管申請は、遺言者自身が法務局に赴いて手続きをする必要がある点です。代理人による申請や郵送による申請はできないため、遺言者が寝たきりである場合や、法務局への移動が困難な場合は利用することができません。なお、保管制度を利用した場合は、公正証書遺言と同様に遺言者の死亡後における検認の手続きは不要です。

②　自筆証書遺言の作成業務

ⅰ．必要書類の収集

自筆証書遺言を作成するにあたっての必要書類を収集します。一般的には、以下の資料を収集します。

・遺言者の印鑑証明書

　遺言者の本人確認のため

・遺言者の戸籍謄本

　財産を相続させる相続人との続柄を確認するため

・受遺者の住民票

　遺贈を受ける者を特定するため

・不動産の履歴全部事項証明書

　相続させる又は遺贈する不動産を特定するため

・金融機関名、支店名、口座番号などがわかる資料

　相続させる又は遺贈する金融資産を特定するため

・遺言執行者の住所・氏名・生年月日・職業がわかる資料

遺言執行者を特定するため

ⅱ．文案の作成

遺言者と面談を行い、その意思を確認します。収集した資料を基に、遺言者の意思が適切に実現されるように文案を作成します。また、遺言者の負担を軽減するため、自書に代えた財産目録を添付することも検討します。

ⅲ．文案の提示・チェック

遺言者に文案を提示し、内容について了承を得たうえで自書、押印をしてもらいます。その後、完成した遺言書が法律的に適正かどうか改めてチェックをします。

ⅳ．保管申請書の作成

遺言者が、自筆証書遺言の保管制度を利用する場合、前述のように保管申請の手続きは、遺言者自身が法務局に直接赴いて行う必要があります。代理人による申請や郵送による申請はできません。ただし、保管申請書の作成については、「法務局又は地方法務局に提出する書類」に該当し、司法書士の業務となります。

(4) 遺言書作成のアプローチ

財産を特定の者に承継させたい、あるいは承継させたくない場合、その意思に法律的な効力を与えるためには遺言が必要です。また、以下のようなケースでは、特に遺言が効果的といえます。該当する顧問契約先がある場合は、遺言書作成の優先的なアプローチ先となります。

①　オーナー経営者

分けにくい財産が多い場合、金額の如何を問わず相続争いの原因になりやすくなります。特に、同族会社のオーナー経営者の相続においては、自社株はもちろんのこと、オーナー個人が同族会社に貸し付けている事業用不動産、オーナー個人から同族会社への貸付金などが相続財産となるケースが多々あります。これらは事業継続に必要不可欠な財産であるため、原則的には事業を承継する者に集中させるべき財産です。しかし、それらの財産の評価額が多額になるケースも多く、一見すると承継者以外の相続人からは不公平に感じられるでしょう。このようなケースでは先代経営者が遺言書を作成し､本人の意思を相続人に伝えておくことが非常に重要です。オーナー一族が相続争いになることで、事業自体の継続が困難になることもあります。そうなれば、オーナー一族はもとより、従業員や取引先、所在する地域などへの影響が大きくなります。したがって、同族会社のオーナー経営者にとって遺言書を作成しておくことは必須といえるでしょう。

②　不動産オーナー

不動産オーナーも分けにくい財産が多い点はオーナー経営者と同様です。当然ながら不動産は分けにくい財産だからです。特に、財産構成が不動産に偏っており、預貯金などの流動資産が極端に少ない場合は、その配分や代償金などを巡って相続争いに発展するケースも珍しくありません。また、先祖代々続く地主の相続においては、先代の相続に対する意識と子世代の相続に対する意識が食い違うことがよくあります。先代が財産を相続した時代は長子相続が一般的であったことが多く、相続争いについて危機意識が薄い傾向にあります。一方、子世代は戦後の教育を受け、相続においても民法に定める相続分を意識していることが多く、不動産を承継していく立場にある長男などは相続争いに対する危機意識が強い傾向にあります。そのような場合、中立的な立場として顧問税理士が遺言書の作成を提案する意味は大きいでしょう。遺言書の作成にあたっての税理士の業務は、直接的な遺言書の作成サポートではなく相続税の試算や税務相談などになりますが、最終的に不動産オーナーが遺言書を作成することになれば、顧問契約先の相続争いを未然に防ぐことにつながります。

③　前妻との間に子がいる

顧問契約先が離婚をしている場合、例えば本人が男性であれば、前妻は本人にとっての相続人にはなりません。しかし、前妻との間に子がいる場合、その子は本人にとっての相続人となります。そして、本人が離婚後に再婚をしている場合、後妻との間にできた子も相続人となります。本人が亡くなった際、遺言がなければ、後妻とその子、そして前妻との子が遺産分割協議を行い、全員の合意がなければ財産を相続することができません。しかし、そのような状況で遺産分割協議がスムーズに進むことは一般的には考えにくいでしょう。後妻が本人名義の預金口座から家族の生活費を引き出して日々の生活を営んでいた場合、遺産分割協議が整うまでは生活費の支払いもままならない状況になるかもしれません。このようなケースでは、遺言書を作成しておくことが非常に有効です。遺言書を作成しておけば、本人の意思にそった財産承継を実現することが可能です。ただし、各相続人の遺留分を充たす内容でなければ、遺留分侵害額の請求を受ける可能性もあるため、その作成にあたっては十分な検討が必要です。

④　子がいない夫婦

子がいない夫婦の場合、例えば夫が亡くなれば、亡くなった夫の相続人は残された妻と「夫の親」となります。すでに親が亡くなっていれば、「夫の兄弟姉妹」が代わって相続人となります。実務的には夫の親が生存していることは少ないため、妻と「夫の兄弟姉妹」が相続人となることが多いでしょう。このような状況で遺言がなければ、妻と「夫の兄弟姉妹」が遺産分割協議を行うことになります。妻が亡くなった夫の持ち家で同居していた場合、夫の兄弟姉妹の同意がなければ居住している家の名義を夫から妻に変更することができないことになります。妻と「夫の兄弟姉妹」の関係性が良ければ問題なく同意をしてもらえるかもしれませんが、もし同意をしてもらえない場合は、妻が居住している家の所有権を夫の兄弟姉妹と共有することになります。民法上は兄弟姉妹にも１／４の権利があるためです。このようなケースでは遺言を作成しておくことが非常に有効です。遺言において夫の持ち家を妻に相続させる旨を指定しておけば、遺産分割協議を経ることなく、居住している家の名義を妻に変更することができます。民法上、兄弟姉妹には遺留分は認められていないため、この場合は夫の兄弟姉妹から遺留分侵害額の請求を受けることもありません。

⑤　おひとりさま

本人が未婚で兄弟姉妹がいない場合、本人が亡くなった際に親がすでに死亡していれば、その本人には相続人がいないことになります。相続人がいない場合、相続財産は基本的に国庫に帰属することになります。もし、そのような状況を望まないのであれば、遺言書の作成が必要となります。財産を渡したい親族などがいる場合でも、遺言でその親族を受遺者として指定していなければ、その意思が実現されないことになります。近年は相続財産を公益法人やNPO法人など、特定の法人に寄付することを希望するケースも多く、その手段としての遺言の重要性も高まっています。

⑥　障がいのある子がいる

障がいのある子がいる場合、その子に判断能力がなければ遺言書の作成が非常に重要となります。障がいのある子の親が亡くなった際、遺言がなければ親の相続財産について相続人全員で遺産分割協議を行う必要があります。その遺産分割協議が有効に成立するためには、相続人全員の合意が必要です。もし、障がいのある子が遺産分割協議の内容について判断することができなければ、遺産分割協議のためだけに家庭裁判所に対して成年後見の申立を行い、その子の成年後見人を選任してもらう必要があります。そして、その成年後見人に障がいのある子の代理人として遺産分割協議に参加してもらい、遺産分割協議を成立させなければなりません。それだけでもかなりの手間がかかりますが、遺産分割協議が成立したからといって、成年後見人の業務が終了するわけではありません。基本的に障がいのある子が亡くなるまで後見人の業務は続きます。つまり、その子が亡くなるまで後見人が財産を管理し続けることになり、弁護士・司法書士・社会福祉士などの専門家が成年後見人に選任された場合には、当然ながら後見人に対する報酬を払い続けなければなりません。このような状況を避けたい場合は、親が遺言書を作成しておくことが非常に有効です。遺言において受遺者を指定しておけば、遺産分割協議を経ることなく、親の意思に従って財産を承継させることができます。もちろん、遺産分割協議のために障がいのある子に成年後見人を選任する必要もありません。

(5) 協業すべき士業

士業にとっての遺言書の作成業務は、本質的には書類の作成業務ではなく書類作成についての相談業務です。なぜなら、公正証書遺言・自筆証書遺言のいずれも実際に作成するのは士業ではないからです。公正証書遺言は公証人、自筆証書遺言は遺言者がそれぞれ作成します。したがって、士業の役割は遺言書の作成にあたってのサポート業務になります。このような業務は、主に弁護士・司法書士・行政書士が行っています。弁護士は「一般の法律事務」として、行政書士は「権利義務に関する書類」の作成についての相談業務として行うことができます。司法書士については、相続登記において遺言書を登記原因証明情報として添付することを前提に、「法務局又は地方法務局に提出する書類」の作成についての相談業務として行うことができる、司法書士法施行規則第31条における管理・処分業務の一環として行うことができる、などの見解が聞かれます。税理士は、遺言書の作成にあたっての相続税の試算や税務相談を業務として行うことはできますが、それ以外のサポート業務は本来の業務ではありません。したがって、顧問契約先などの遺言書の作成にあたっては、他士業との協業が必要となります。その際に留意すべきは、業務として行うことができることと専門性があることは別だという点です。士業が作成をサポートした遺言書でも、相続登記の登記原因証明情報としての使用に耐えられなかったり、その遺言書をもって預金口座の解約手続きができなければ、相続手続きのための書類としては作成した意味がないことになります。例えば、年間100件を超える遺言書作成の実務経験があり、相続法や不動産登記の知識にも精通した行政書士であれば、実務経験のない弁護士よりも遺言書作成の実務に精通しているといえるでしょう。したがって、協業する士業の選択にあたっては、職域として対応可能であることは当然として、その士業が保有する国家資格で判断するよりも、業務における専門性で判断すべきといえます。

2　推定相続人調査・相続財産の確認

(1)　推定相続人調査・相続財産の確認の目的

遺言書の作成にあたり、公正証書遺言であれば財産を相続させる相続人との続柄が確認できる戸籍謄本があれば足り、自筆証書遺言であれば必ずしも戸籍謄本は必要ではありません。また、財産についても遺言書に記載するもののみの確認で事足ります。しかし、あらかじめ推定被相続人の出生から死亡時までの戸籍（除籍）謄本を取得することにより推定相続人の範囲を確定しておくことや、遺言者の財産の種類と所在を確認しておくことは非常に重要です。なぜなら、そのことが適切な内容の遺言書を作成することにつながるとともに、相続開始後の遺言執行や検認を速やかに行うことにもつながるからです。なお、現在の戸籍謄本以外の改製原戸籍謄本や除籍謄本は、今後も内容が変動しないものであるため、使用期間に制限はありません。したがって、取得時のものを相続開始後も使用することができ、取得コストがムダになることもありません。

(2)　推定相続関係説明図の作成業務

市区町村役場において、遺言者の出生から現在までの戸籍（除籍）謄本と、推定相続人の現在の戸籍謄本を収集します。戸籍は、戸籍法の改正や転籍、婚姻、離婚など、様々な理由で新たに作成されます。その際、以前の戸籍の情報すべてが転載されるわけではなく、死亡や婚姻などの理由で除籍された親族の情報や、認知した子の情報は新たな戸籍に記載されません。したがって、出生から現在までの戸籍（除籍）謄本がなければ推定相続人の範囲を確定させることができません。また、推定相続人の現在の戸籍謄本は、推定相続人が生存していることを確認するために必要となります。それらの資料に基づき、推定相続関係説明図を作成します。

(3)　財産目録の作成業務

遺言者の遺言作成時点での財産を確認します。遺言執行だけを想定すれば、遺言書に記載する財産のみの確認でよいことになりますが、遺言の内容を検討するうえでもすべての財産を確認するべきでしょう。それにより、相続財産額が相続税の基礎控除額を超えることが確認できれば、相続税の試算業務につながる可能性も高くなります。また、その過程で生命保険証書を入手し、生命保険の加入状況を確認することができれば、生命保険の見直しにつながることも考えられます。一般的には以下の資料などを収集し、評価額や残高を確認のうえ財産目録を作成します。なお、財産目録の作成にあたっての不動産の評価額は、通常、固定資産税評価額を用います。

・直近の固定資産評価証明書または固定資産税課税明細書
・不動産の履歴全部事項証明書
・住宅地図、公図、地積測量図、建物図面・各階平面図
・現在の残高が確認できる金融機関の通帳
・証券会社からの直近の運用報告書
・生命保険証書
・自動車検査証（車検証）
・ゴルフ会員権証書

(4) 推定相続人の調査・相続財産の確認のアプローチ

推定相続人の調査・相続財産の確認は、多くの場合、遺言書の作成と併せて提案することになります。特に、遺言書の作成とともに遺言執行の依頼も受ける場合には、相続開始後の遺言執行業務をスムーズに行うために必ず受注しておくべき業務です。なぜなら、相続人ら親族が、遺言者の相続開始時点の財産の種類や所在をきちんと把握していないケースが多いからです。そのような場合、遺言執行時にかなりの時間と手間がかかってしまいます。推定相続人の調査・相続財産の確認のアプローチの際には、以下の点を伝えるとよいでしょう。

・いずれにせよ相続開始後には相続人が必ず行わなければならない作業であること

・改製原戸籍謄本や除籍謄本に使用期限はないため、取得時のものを相続開始後も使用することができ、取得コストはムダにはならないこと

・相続手続きをスムーズに行うことができること

・財産の棚卸を行うことで総合的な判断のもと、遺言の内容を検討できること

・相続税の対策も必要かどうかを確認することができること

また、遺言書を作成するかどうかの判断を迷っている場合、一旦、推定相続人の調査と相続財産の確認までの業務を提案することも有効です。遺言書の作成についてハードルを高く感じている場合でも、一つ手前の作業までを提案することで心理的なハードルが下がり、業務の依頼につながりやすくなります。そして一旦、業務の依頼につながれば、最終的に遺言書の作成まで依頼を受ける可能性が高くなります。その際のアプローチにおいても、上記の点を伝えればよいでしょう。

(5) 協業すべき士業

推定相続関係説明図・財産目録の作成は主に弁護士・司法書士・行政書士が行っています。戸籍謄本に記載された情報は重要な個人情報であるため、その取得は原則として戸籍に記載されている本人、その配偶者、直系血族（以下、「本人等」といいます）しかできないことになっています。それ以外の第三者が取得する場合は、その第三者が自己の権利を行使し、

または自己の義務を履行するために必要がある場合などに限り認められています。士業が推定相続関係説明図の作成のために戸籍謄本を収集する方法として、これら本人等や第三者からの委任によることが考えられます。しかし、本人等による取得については、前述のとおり取得できる範囲が限定されています。例えば、本人に配偶者と子がおらず、すでに亡くなった兄に子（本人の甥）がおり、その甥のみが推定相続人である場合、本人は推定相続人である甥の戸籍謄本の取得はできないことがあります。甥は推定被相続人の直系血族ではないからです。そこで、実務上の利便性を考慮し、税理士を含め、弁護士・司法書士・行政書士などの特定の士業は、それぞれが受任している業務を遂行するために必要な場合には、委任状がなくとも戸籍（除籍）謄本の取得ができることになっています。いわゆる職務上請求と呼ばれるものです。ただし、この職務上請求は受任している業務を遂行するために必要な場合に限って行うことができるものであるため、その士業が自身の職域の範囲内で業務の依頼を受けていることが前提になります。生前に行う推定相続関係説明図の作成における戸籍謄本の取得は、弁護士・行政書士であれば、遺言書作成のための相談業務に必要な書類として、職務上請求ができることになります。また、行政書士は「事実証明に関する書類」としての「推定相続関係説明図」の作成業務に必要な書類としても、職務上請求が可能と考えられます。協業先の士業の選択にあたっては、それらの点を検討したうえで、依頼者との相性や実務経験、コスト面や対応スピードなどを考慮して依頼すればよいでしょう。

3　相続税試算

(1)　相続税試算の目的

推定被相続人に相続が発生した場合の相続税額を試算し、納税資金が確保されているかどうか、あるいは相続税の節税が可能かどうかを検討するために相続税の試算を行います。相続業務の協業においては、遺言書の作成にあたり、誰に何を承継させるかを意思決定するために相続税の試算が行われる場合があります。例えば、一次相続・二次相続を通じての相続税額がなるだけ軽減されるような承継内容とすることが優先されるようなケースです。その場合は、相続税の試算を行い、税務上有利となる一次相続時の配偶者の財産承継額を確認したうえで、具体的にどの財産を承継させるかを決定していきます。また、推定相続人の調査・相続財産の確認を行った結果、想定していたよりも相続財産が多額となることが判明し、相続税の基礎控除額を超えてしまうことが予想されるケースがあります。そのような場合も相続税の試算を行い、相続税額を正確に把握するとともに、相続税額の負担も考慮したうえでの承継内容を検討します。

(2) 相続税試算の業務

相続税の試算を行うにあたっては、一般的には以下の資料などを収集し、財産評価基本通達に基づき財産評価を行ったうえで、相続税を計算します。財産評価をどれほどの精度で行うかは、報酬額や依頼者の要望に応じて決めればよいでしょう。なお、取引相場のない株式を所有している場合は、別途、直近3期分の決算書・勘定科目内訳明細書・法人税申告書などが必要となりますが、依頼者が顧問契約先である場合には、すでに入手済みであることが多いでしょう。追加で必要となる資料として、法人が所有している財産の内容に応じ、法人名義の直近の固定資産税課税明細書や、保険積立金の解約返戻金証明書などを収集します。

・直近の固定資産税課税明細書
・不動産の履歴全部事項証明書
・住宅地図、公図、地積測量図、建物図面・各階平面図
・現在の残高が確認できる金融機関の通帳
・証券会社からの直近の運用報告書
・生命保険証書
・自動車検査証（車検証）
・ゴルフ会員権証書

(3) 相続税試算のアプローチ

税理士事務所は、顧問契約先の法人税申告業務を通じ、法人の経営状況やオーナー社長の報酬額、自社株の概算評価額などを把握しやすい立場にあります。また、所得税の確定申告業務も受任している場合には、個人で所有している不動産や、そこから発生する不動産賃貸料収入も確認することができます。したがって、月次訪問時のヒアリングなどを通じて、顧問契約先の中から将来的に相続税申告が必要と見込まれる対象を絞り込むことが容易であり、効率的に相続税試算のアプローチをすることができます。

(4) 税理士事務所にとっての相続税試算

相続税の試算を受注することができれば、将来的に相続税申告も受注できる可能性が高くなります。相続業務の協業において、他士業からの依頼を通じて、遺言書作成に伴う相続税の試算を受注することができれば、将来的に顧問契約先以外からも相続税申告の受注が見込まれることになります。また、顧問契約先から相続税の試算を受注する場合に、相続税の試算を通じて遺言書の作成を提案し、結果的に遺言執行者として指定されれば、相続税申告と合わせて遺言執行の業務も受注できることになります。したがって、事務所経営の長期的な視野に立てば、相続税試算の業務へ積極的にアプローチするべきでしょう。もし、法人税申告業務などとの兼ね合いで、時間的・労力的に相続税試算へアプローチをすることが難しい場合は、相続業務を得意とする他の税理士と協業することも一つの方法です。相続業務に取り組むことにより、顧問契約先の後継者や親族との関係性が深まれば、結果的に顧問契約の継続につながることにもなります。また、相続税試算の過程で生命保険証書を入手し、生命保険の加入状況を確認することができれば、生命保険の見直しにつながることも考えられます。

4　後　見

(1)　後見の目的

成年後見制度は認知症や知的障害、精神障害などにより判断能力が低下した高齢者や障がい者の生活を支援するための制度です。成年後見人が本人に代わって契約を締結し、財産を適切に管理することで、高齢者や障がい者が安心して生活していけるように支援することなどを目的としています。成年後見制度の理念として、「①自己決定権の尊重」、「②残存能力の活用」、「③ノーマライゼーション」の3つが掲げられており、それぞれ次のような内容を意味します。

①　自己決定権の尊重

契約の締結や財産の管理を支援するにあたっても、できるだけ本人の意思が尊重されるべきだという考え方

②　残存能力の活用

そのとき本人にある能力を最大限に活かして生活すること

③　ノーマライゼーション

認知症や障がいのある人もそうでない人もともに地域や家庭で暮らし、普通の生活ができる社会を目指すこと

つまり、成年後見制度は判断能力が低下した高齢者や障がい者が幸せに暮らしていくために、その人が持っている価値観や人生観を尊重し、その

とき残っている能力を生かすために支援をするための制度であるといえます。成年後見制度には大きく分けて法定後見制度と任意後見制度があり、法定後見制度はさらに「後見」、「保佐」、「補助」の３つの類型に分かれます。

(2) 法定後見

① 法定後見制度の概要

法定後見制度は、本人や配偶者、４親等内の親族などが家庭裁判所に申立てを行うことにより、家庭裁判所が選任した成年後見人、保佐人または補助人（以下、「成年後見人等」といいます）が、判断能力の低下した高齢者や障がい者の身上保護（契約の締結や入院の手続きなど）や財産管理（預貯金の管理や帳簿の作成など）を行う制度です。判断能力の程度に応じた支援を行うために、「後見」、「保佐」、「補助」の３つの類型に分けられています。

ⅰ．後見

「後見」は常に判断能力が欠けている状態の者を対象とし、成年後見人は被後見人の財産に関するすべての法律行為を代理します。また、成年後見人は、日用品の購入など日常生活に関して被後見人が行った行為以外の被後見人の法律行為を取り消すことができます。

ⅱ．保佐

「保佐」は日常的な判断能力はあるものの、難解な法律行為については支援が必要な者を対象とし、不動産の売却や遺産分割など、財産関係の重要な法律行為については保佐人の同意が必要となります。また、保佐人は、保佐人の同意が必要な法律行為について、被保佐人が同意を得ずして行った法律行為を取り消すことができます。そして、家庭裁判所が必要と認める特定の法律行為については代理することができます。ただし、代理権を付与する場合には被保佐人の同意が必要となります。

ⅲ. 補助

「補助」は日常的な判断能力はあり、たいていのことは一人で判断できるものの、特定の法律行為については支援を必要とする者を対象とし、その特定の法律行為については補助人の同意が必要となります。また、保佐人と同様、補助人は、補助人の同意が必要な法律行為について、被補助人が同意を得ずして行った法律行為を取り消すことができます。そして、家庭裁判所が必要と認める特定の法律行為については代理することができます。ただし、代理権を付与する場合には被補助人の同意が必要となります。

申立てを受けた家庭裁判所では、本人の財産の内容や生活するうえで必要となる援助の内容に応じてふさわしい成年後見人等を選任するために、職員が直接、申立人や本人、成年後見人等候補者に連絡し、申立ての実情や本人の意見などを確認する場合があります。なお、申立て後は、家庭裁判所の許可がなければ申立てを取り下げることはできません。また、成年後見人等の選任はあくまで家庭裁判所が行います。したがって、必ずしも成年後見人等候補者が成年後見人等に選任されるとは限りません。

② 法定後見申立ての業務

法定後見は、本人や配偶者、4親等内の親族などが家庭裁判所に後見開始の申立てを行い、家庭裁判所が後見開始の審判をすることによりスタートします。申立て自体は親族などが行うことになるため、士業の業務は申立人からの依頼による、家庭裁判所への提出書類の作成になります。具体的には以下の資料などを作成・収集し、家庭裁判所に提出します。

➢ **申立書関係書類**

・後見・保佐・補助開始等申立書
・代理行為目録
・同意行為目録
・申立事情説明書
・親族関係図
・親族の意見書
・後見人等候補者事情説明書
・財産目録
・相続財産目録
・収支予定表

➢ **一般的な添付書類**

・本人の戸籍謄本
・本人の住民票又は戸籍附票
・成年後見人等候補者の住民票又は戸籍附票
　成年後見人等候補者が法人の場合には、当該法人の登記事項証明書
・本人の診断書
・本人情報シート写し
・本人の健康状態に関する資料
　介護保険認定書、療育手帳、精神障害者保健福祉手帳、身体障害者手帳などの写し
・法定後見の登記がされていないことの証明書
・本人の財産に関する資料
　預貯金及び有価証券の残高がわかる書類：預貯金通帳写し、残高証明書など

不動産関係書類：不動産登記事項証明書（未登記の場合は固定資産評価証明書）など

負債がわかる書類：ローン契約書写しなど

・本人が相続人となっている遺産分割未了の相続財産に関する資料

・本人の収支に関する資料

収入に関する資料の写し：年金額決定通知書、給与明細書、確定申告書、家賃・地代等の領収書など

支出に関する資料の写し：施設利用料、入院費、納税証明書、国民健康保険料等の決定通知書など

③　法定後見のアプローチ

法定後見制度は、判断能力が低下した高齢者や障がい者を支援するための制度です。相続業務の協業においては、遺産分割協議にあたり相続人に判断能力がない場合に検討されることが多いでしょう。例えば、顧問契約先が亡くなり、その配偶者がすでに認知症に罹患している場合や、相続人である子に障がいがあるため判断能力がない場合などです。遺産分割協議時にそのような状態であれば、後見開始の申立てを行い、代理人として成年後見人等に遺産分割協議に参加してもらう必要があります。逆にいえば、そのような状況が事前に想定されるのであれば、生前に遺言書を作成し、遺産分割協議を経ることなく財産を承継させることを検討すべきでしょう。

④　協業すべき士業

家庭裁判所へ提出する後見・保佐・補助開始等申立書などの書類作成は、弁護士・司法書士の業務となります。弁護士は「一般の法律事務」として、司法書士は「法務局又は地方法務局に提出し、又は提供する書類の作成」として行うことができます。弁護士または司法書士が後見人等候補

者である場合は、申立関係書類の作成もその弁護士または司法書士に依頼するとスムーズでしょう。なお、弁護士は提出書類の作成のみならず、代理人として親族などに代わって申立てをすることが可能です。その他、協業先の士業の選択にあたっては、依頼者との相性や実務経験、コスト面や対応スピードなどを考慮して依頼すればよいでしょう。

(3) 任意後見

① 任意後見制度の概要

任意後見制度は、自分の判断能力が低下する前に受任者との間で任意後見契約を結ぶことによって、信頼できる人に後見人になってもらえるという点に特徴があります。これは、家庭裁判所が成年後見人等を選任する法定後見制度との大きな相違点です。「自己決定権の尊重」や「残存能力の活用」という成年後見制度の理念を取り入れ、支援の範囲や内容についても、あらかじめ自分で決めておくことができます。任意後見人は、任意後見契約における代理権目録に記載された事項について代理権を持つことになり、その範囲内で成年後見人と同様に身上保護と財産管理を行います。ただし、成年後見人と違い、任意後見人は被後見人が行った法律行為を取り消すことはできません。したがって、例えば被後見人が、本来必要でない高額な商品を買ってしまったような場合に、成年後見人にはその契約を取り消す権限がありますが、任意後見人にはその権限がありません。なお、任意後見契約書は、必ず公正証書によって作成することになっています。また、法定後見制度は後見開始の申立てのあと、家庭裁判所の審判によってすぐに開始されますが、任意後見制度は本人の判断能力が低下した段階になって初めて発動されることになります。法定後見制度がすでに判断能力が低下した人のための制度であるのに対し、任意後見制度は判断能力がある人が、将来の自身の判断能力の低下に備えておくための制度といえます。

② 任意後見契約書の作成業務

前述のとおり、任意後見契約書は、必ず公正証書で作成することになります。任意後見契約公正証書の作成業務は以下の手順で行います。

ⅰ. 必要書類の収集

任意後見契約公正証書を作成するにあたっての必要書類を収集します。任意後見契約の当事者や代理権の範囲は、公証人の嘱託により法務局で登記されることになります。したがって、公正証書を作成するにあたっての必要書類だけでなく、登記にあたっての必要書類の提出も求められることになります。一般的には、以下の資料を収集します。

・本人の印鑑証明書

本人確認のため

・本人の戸籍謄本

本人の本籍は公証人の嘱託による登記事項であるため

・本人の住民票

本人の住所は公証人の嘱託による登記事項であるため

・任意後見受任者（将来の任意後見人）の印鑑証明書

本人確認のため

・任意後見受任者の住民票

任意後見受任者の住所は公証人の嘱託による登記事項であるため

ⅱ. 文案の作成

本人と面談を行い、任意後見受任者を誰にするのか、どのような代理権を付与するのか、後述する財産管理委任契約からの移行型とするのかなどを確認し、本人の希望が適切に実現されるよう、文案を作成します。

ⅲ. 公証人との打ち合わせ

任意後見契約公正証書を作成する日時を予約し、遺言書の文案と必要書類を提出します。公証人のチェックを経て、文案が完成します。

ⅳ. 公正証書の作成

任意後見公正証書の作成は、本人と任意後見受任者が公証役場にて行います。公証人による内容の最終確認のあと、両者が任意後見公正証書に署名し、実印にて捺印します。最後に、公証人に手数料を支払って当日の手続きを終了します。公証人の基本手数料は１契約につき11,000円です。

③ 任意後見申立ての業務

本人の判断能力が不十分になり、後見人によるサポートが求められる場合には、任意後見を発動するための手続きを行う必要があります。任意後見は、本人や配偶者、４親等内の親族、任意後見受任者が家庭裁判所に対して任意後見監督人の選任申立てを行い、家庭裁判所が任意後見監督人を選任することでスタートします。したがって、申立て自体は親族などが行うことになるため、士業の業務は申立人からの依頼による、家庭裁判所への提出書類の作成になります。具体的には以下の資料などを作成・収集し、家庭裁判所に提出します。

➢ 申立書関係書類

- 任意後見監督人選任申立書
- 申立事情説明書
- 任意後見受任者事情説明書
- 親族関係図
- 財産目録

・相続財産目録

・収支予定表

➢ 一般的な添付書類

・本人の戸籍謄本

・本人の住民票又は戸籍附票

・本人の診断書

・本人情報シート写し

・本人の健康状態に関する資料

介護保険認定書、療育手帳、精神障害者保健福祉手帳、身体障害者手帳などの写し

・任意後見契約公正証書写し

・本人の登記事項証明書（任意後見契約）

・法定後見の登記がされていないことの証明書

・本人の財産に関する資料

預貯金及び有価証券の残高がわかる書類：預貯金通帳写し、残高証明書など

不動産関係書類：不動産登記事項証明書（未登記の場合は固定資産評価証明書）など

負債がわかる書類：ローン契約書写しなど

・本人が相続人となっている遺産分割未了の相続財産に関する資料

・本人の収支に関する資料

収入に関する資料の写し：年金額決定通知書、給与明細書、確定申告書、家賃、地代等の領収書など

支出に関する資料の写し：施設利用料、入院費、納税証明書、国民健康保険料等の決定通知書など

④ 任意後見のアプローチ

自分の判断能力が低下したあとの財産管理や各種契約などに不安がある場合、任意後見契約の必要性が高まります。資産家である顧問契約先が亡くなり、その妻が多額の財産を相続したような場合に、このような不安を抱くケースが多くあります。後述する財産管理委任契約とともに提案すれば、よりニーズに合ったアプローチとなるでしょう。また、オーナー社長が認知症などに罹患し、会社経営上の判断ができなくなったり、議決権の行使ができなくなった場合、会社の意思決定機能がマヒしてしまいます。そのような場合に備えて、オーナー社長と後継者との間で、後継者を任意後見受任者として任意後見契約を結んでおくことが一つの解決方法になります。オーナー社長の判断能力が不十分な状態になった場合でも、後継者が任意後見人となり、オーナー社長に代わって議決権を行使することができます。なお、任意後見人は、任意後見契約における代理権目録に記載された事項について代理権を持つことになるため、このようなケースに対応するためには、代理権目録に「株主としての議決権の行使」と定めておく必要があります。

⑤ 協業すべき士業

ｉ. 任意後見契約書の作成業務

士業にとっての任意後見契約書の作成業務は、本質的には書類の作成業務ではなく書類作成についての相談業務です。なぜなら、任意後見契約書を実際に作成するのは公証人であるからです。士業の役割は任意後見契約書の作成にあたってのサポート業務になります。このような業務は、主に弁護士・司法書士・行政書士が行っています。弁護士は「一般の法律事務」として、行政書士は「権利義務に関する書類」の作成についての相談業務として行うことができます。司法書士については、任意後見契約の登記の嘱託において、任意後見契約書が添付書類とされていることから、「法務局又は地方法務局に提出する書類」の作成についての相談業務として行うことができる、任意後見受任者となることを前提に、司法書士法施行規則第31条における後見業務の一環として行うことができる、などの見解が聞かれます。任意後見受任者を弁護士、司法書士または行政書士に依頼する場合は、その任意後見受任者である士業が任意後見契約書の作成サポートも行うケースが多いでしょう。その他、協業先の士業にあたっては、依頼者との相性や実務経験、コスト面や対応スピードなどを考慮して依頼すればよいでしょう。

ii. 任意後見申立ての業務

家庭裁判所へ提出する任意後見監督人選任申立書などの書類作成は、弁護士・司法書士の業務となります。弁護士は「一般の法律事務」として、また、司法書士は「裁判所に提出する書類の作成」として行うことができます。弁護士または司法書士が任意後見受任者である場合は、申立関係書類の作成もその弁護士または司法書士に依頼するとスムーズでしょう。なお、弁護士は提出書類の作成のみならず、代理人として親族などに代わって申立てをすることが可能です。その他、協業先の士業の選択にあたっては、依頼者との相性や実務経験、コスト面や対応スピードなどを考慮して依頼すればよいでしょう。

5 信　　託

(1) 信託の目的

信託とは、自分の財産を、自分が決めた目的を達成するために信頼できる人に託し、必要に応じてその人に、託した財産の管理・処分などをしてもらう制度です。欧米では財産の管理制度として古くから利用されてきましたが、日本では2006年（平成18年）に信託法が改正されたことにより、広く一般に利用できるようになりました。したがって、相続業務において活用される制度の中でも、比較的新しい制度といえます。しかし、現在では実例も増え、相続対策や認知症対策の手段の１つとして定着してきています。前述した後見は被後見人の判断能力が低下したのちに開始され、被後見人の死亡によって終了します。また、遺言は生前には効力がなく、相続開始時にはじめて効力が生じます。これに対し、信託はその目的に応じ、生前から相続開始時あるいは相続開始後までを通じて効力を生じさせることができます。ただし、だからといって信託がすべての面において優れているというわけではなく、例えば信託は、後見では可能な「身上保護」には対応できません。信託はあくまで財産管理のための制度であるからです。信託の類型として、託される人、すなわち受託者が信託銀行や信託会社のような信託業者である信託は「商事信託」と、受託者が家族や親族である信託は「民事信託」と呼ばれています。相続業務における協業の場面では、民事信託での対応が中心となるため、ここでは民事信託について取り上げます。

(2) 信託の概要

信託の設定方法には①信託契約を締結する方法、②遺言をする方法、③信託宣言をする方法の３方式があります。実務的にはほとんど①信託契約を締結する方法により行われていますので、ここでは①信託契約を締結する方法について解説します。

信託契約とは委託者と受託者との間で、委託者の財産を、受託者が特定の目的のために管理や処分、その他必要な行為をすることを契約することをいいます。信託契約の内容を端的に表せば「私（＝委託者）の財産（＝信託財産）をあの人（＝受益者）のために、このように（＝信託目的）あなた（＝受託者）に託します。」となります。

「委託者」は信託の設定当初のキーマンであり、信託契約の内容は委託者の意思に基づいて作成されます。「受託者」は委託者から財産を信託され、その信託財産の名義人となります。信託財産の名義人は受託者となりますが、実質的に信託財産からの利益を享受するのは「受益者」です。受託者は、信託契約に従って信託財産の管理や処分、その他信託の目的を達成するために必要な行為をします。したがって、受託者は、信託を運用していくうえで、最も重要な役割を担うといえます。実務上は、この受託者を誰にするのかが非常に重要になります。受託者の事務は、委託者との信認関係に基づいて行われるものだからです。逆にいえば、受託者との信認関係が築けないような場合は、信託を設定すべきではありません。

信託は、信託の目的を達成したときや、信託の目的を達成することができなくなったときに終了します。また、受託者が受益者を兼ねる状態が1年間継続したときや、受託者が存在しない状態が1年間継続したときも、信託をしている意味がないとされ、終了します。その他、委託者及び受益者の合意や信託契約における別段の定めにより終了することもできます。

(3) 信託契約書の作成業務

信託契約書は私文書（公的な立場にない私人が法律行為について作成した文書）でも作成可能です。しかし、実務上は公正証書で作成することがほとんどです。なぜなら、公正証書で作成することで、契約書の紛失やその有効性についての争いを避けることができるからです。また、金融機関で信託用の口座（「信託口口座」といいます）を開設する場合には、公正証書による信託契約書が求められることになります。したがって、ここでは実務上作成する機会が多い公正証書による信託契約書の作成業務について解説します。

① 文案の作成

依頼者と面談を行い、その意向を確認します。そして、それを信託で実現するにあたって、適当な受託者がいるかどうか、信託財産が信託に適した財産であるかなど、信託の組成に必要な条件を整えられるかどうかの確認を行います。条件的に信託の組成が可能であれば、税務的に問題がないか、運営上の瑕疵がないかなどを改めて検討し、依頼者の意向が適切に実現されるよう、文案を作成します。

② 必要書類の収集

信託契約書を作成するにあたっての必要書類を収集します。一般的には、以下の資料を収集します。

➢ 信託契約書の作成のために必要となる資料

・委託者の印鑑証明書
　委託者の本人確認のため
・受託者の印鑑証明書
　受託者の本人確認のため
・信託する不動産の登記事項証明書
　信託の対象となる不動産を特定するため

➢ 公証人の手数料算定のために必要となる資料

・信託する不動産の固定資産評価証明書または固定資産税課税明細書
　信託の対象となる不動産の評価額を確認するため
・金融資産の残高がわかる資料
　信託の対象となる金融資産の残高を確認するため

➢ 信託による所有権移転及び信託登記のために必要となる資料

・登記申請書
・登記原因証明情報
・委託者の印鑑証明書
　委託者の本人確認のため
・不動産の登記済権利証または登記識別情報
　委託者の本人確認のため
・受託者の住民票
　受託者の本人確認のため

・信託目録
　登記事項を公示するため
・信託する不動産の固定資産評価証明書または固定資産税課税明細書
　登録免許税の算定のため

③ 銀行との打ち合わせ

信託口口座の開設にあたり、取扱銀行などにおいて信託契約書の事前チェックが必要となります。チェックの結果に応じ、適宜、信託契約書を修正します。

④ 公証人との打ち合わせ

信託契約公正証書を作成する日時を予約し、信託契約書の文案と必要書類を提出します。公証人のチェックを経て、文案が完成します。

⑤ 公正証書の作成

信託契約公正証書の作成は委託者と受託者が公証役場にて行います。公証人による内容の最終確認のあと、両者が信託契約公正証書に署名し、実印にて押印します。最後に、公証人に手数料を支払って当日の手続きを終了します。公証人の手数料については、信託の対象となった財産の評価額に応じた算出方法が法定されています。(図表⑭)

図表⑭　信託契約公正証書の作成手数料

目的の価額	手数料
100万円以下	5000円
100万円を超え200万円以下	7000円
200万円を超え500万円以下	11000円
500万円を超え1000万円以下	17000円
1000万円を超え3000万円以下	23000円
3000万円を超え5000万円以下	29000円
5000万円を超え１億円以下	43000円
１億円を超え３億円以下	４万3000円に超過額5000万円までごとに１万3000円を加算した額
３億円を超え10億円以下	９万5000円に超過額5000万円までごとに１万1000円を加算した額
10億円を超える場合	24万9000円に超過額5000万円までごとに8000円を加算した額

（注）　手数料は財産を引き継ぐ人ごとに計算し、合計します。

出典：日本公証人連合会ホームページ

(4)　信託のアプローチ

信託は自由な設計が可能な制度であるため、認知症対策や争族対策、事業承継における自社株対策など様々なケースでの活用が想定されます。特に、顧問契約先が以下のようなケースに該当する場合は、信託が有効な解決方法になり得ます。

①　高齢の親が所有する不動産を売却したい

高齢の親が所有する不動産を売却しようとする場合に、売買契約の締結までに一定の時間がかかることが見込まれるようなケースでは、その間に親が認知症などに罹患し、判断能力がなくなってしまう可能性があります。判断能力がなくなってしまうと売買契約を締結することができず、売却が困難になってしまいます。例えば、親がその所有する自宅不動産に一定期間居住したのち、老人ホームへの入所に伴って売却を希望するような場合には、売買契約の締結までに一定の時間がかかることになります。売却までの間に親が認知症などに罹患してしまうと、自宅の売却ができず、売却資金を老人ホームへ入所するための資金として予定している場合は、入所自体ができなくなってしまうかもしれません。そのようなケースに備えるための対策として信託の活用が考えられます。すなわち、親を委託者、子を受託者として不動産を信託することにより、親の判断能力がなくなったあとでも、子が受託者として不動産の売買契約を締結することができます。この場合、親を委託者兼受益者とすることで、信託後も親が不動産を使用収益することができ、売却後の売却代金も親のために使用することができます。信託にはこのような認知症対策としての機能があります。

②　高齢のオーナー経営者が自社株を多数所有している

信託は、オーナー経営者の認知症対策としても活用することができます。オーナー経営者が多数の自社株を所有している場合、そのオーナー経営者の判断能力がなくなってしまうと、所有する自社株の議決権行使ができないことになります。そうなれば会社の最終的な意思決定ができなくなり、事業継続に支障をきたすことになります。そのようなケースに備えるための対策として信託の活用が考えられます。オーナー経営者を委託者、後継者を受託者として自社株を信託することにより、オーナー経営者の判断能力がなくなったあとでも、後継者が受託者として議決権を行使することができます。高齢のオーナー経営者が自社株のほとんどを所有しているものの、株価が高額で贈与による自社株移転が困難な場合の対策として有効でしょう。

③　後継者の経営能力を確認したい

上記②と同じ形式の信託により、後継者育成のための自社株信託も可能です。後継者は決定しているものの、その能力次第では別の後継者も検討されるような場合、オーナー経営者を委託者、後継者を受託者として自社株を信託することにより、オーナー経営者から後継者に自社株を移転せずとも、後継者が受託者として議決権を行使することができます。後継者は一旦、議決権を得ることになり、自分の判断で会社経営を行うことができるようになります。ただし、このような信託においては、委託者兼受益者となるオーナー経営者が、単独で信託を終了させることができるため、後継者の経営能力が不足していると判断される場合は、オーナー経営者が信託を終了させることにより後継者から議決権を取り戻すことができます。

④　自社株の贈与後も経営権を確保したい

一時的な業績悪化により自社の株価が低くなっている場合、税務的には後継者に自社株を贈与する好機といえます。しかし、後継者に経営権までを委譲するには時期尚早というケースもあるでしょう。そのようなケースでも、信託の活用が考えられます。自社株を後継者に贈与したのち、後継者を委託者、オーナー経営者を受託者として自社株を信託することにより、自社株を贈与したあとでも、オーナー経営者が受託者として議決権を行使することができます。後継者は決定しているものの、まだ年齢が若いような場合に、一時的な業績悪化により自社株の株価が低くなっているようなケースでの活用が検討されます。

⑤ 収益を帰属させるための不動産信託

自分の死亡後、判断能力の低下が見込まれる高齢となった妻や、障がいのある子に不動産からの収益を帰属させたい場合にも信託の活用が考えられます。妻や障がいのある子の生活費などに充てるために収益不動産を遺贈する場合、それらの者が収益不動産の管理や処分をすることができないことが考えられます。しかし、例えば信頼できる長男を受託者として収益不動産を信託し、妻や障がいのある子を受益者とすることにより、収益不動産の管理や処分を長男が行いつつ、その賃貸収入を妻や障がいのある子に帰属させることが可能です。このようなケースでは、当初は自分を委託者兼受益者、長男を受託者として賃貸不動産を信託し、自分に相続が発生した際には、信託受益権を妻や障がいのある子に移転させる内容の信託契約にしておけばよいでしょう。そうすることで、自分の判断能力が低下した際の収益不動産の管理や処分にも対応することができます。

(5) 協業すべき士業

信託契約書を公正証書で作成する場合、士業にとっての業務は、本質的には書類の作成業務ではなく書類作成についての相談業務です。なぜなら、信託契約公正証書を実際に作成するのは公証人であるからです。士業の役割は信託契約書の作成にあたってのサポート業務になります。このような業務は、主に弁護士・司法書士・行政書士が行っています。弁護士は「一般の法律事務」として、行政書士は「権利義務に関する書類」の作成についての相談業務として行うことができます。司法書士については、信託による所有権移転登記及び信託登記における「登記に関する手続き」についての相談業務として行うことができる、司法書士法施行規則第31条における管理・処分業務の一環として行うことができる、などの見解が聞かれます。税理士は、信託契約書の作成にあたっての税務相談を業務として行うことはできますが、それ以外のサポート業務は本来の業務ではありません。したがって、顧問契約先などの信託契約書の作成にあたっては、他士業との協業が必要となります。その際に留意すべきは、業務として行うことができることと専門性があることは別問題だという点です。士業が作成をサポートした信託契約書でも、信託を運営するうえでの実務に対応できなければ作成した意味がありません。実際に、信託登記の登記原因証明情報としての使用に耐えられなかったり、その信託契約書をもって信託口口座の開設手続きができないケースもあります。税務的な検証をしないまま作成され、多額の贈与税負担が懸念される信託契約書も散見されます。信託は自由な設計が可能である反面、士業によって、その専門性に差が生まれやすいといえるでしょう。したがって、協業する士業の選択にあたっては、職域として対応可能な士業であることは当然として、その士業が保有する国家資格で判断するよりも、業務における専門性で判断すべきといえます。

6　財産管理委任契約

(1)　財産管理委任契約の目的

財産管理委任契約とは、判断能力はあるものの、加齢や病気などによる身体上の不調から自分の財産の管理ができなくなった場合に、その管理を他人に委託するための契約です。例えば本人が寝たきりの状態になった場合、判断能力があっても預貯金の入出金などに関して、親族や知人に委任する必要があります。しかし、その都度委任状が必要となれば手間がかかり、また、急用の場合にはスムーズに手続きができないことも考えられます。財産管理委任契約は、そのような場合に備え、あらかじめ財産管理について特定の代理人に委託しておくことにより、判断能力が低下する前から継続的に不安のない財産管理を行うことを目的としています。

(2)　財産管理委任契約の概要

財産管理委任契約は、民法の「委任」規定に基づき、委任者が受任者に財産管理に関する法律行為について代理権を付与します。代理権の範囲は、委任者と受任者が取り決めます。そして、その範囲には、財産管理のみならず、身上保護についても含めることが多いため、財産管理等委任契約と呼ばれることもあります。具体的には、預貯金の入出金や年金の受け取り、公共料金の支払いや医療機関・福祉サービスの利用に関する手続きなどを委任します。成年後見制度が本人の判断能力が不十分となった段階で開始されるのに対し、財産管理委任契約は判断能力が不十分となる前から利用することができます。ただし、財産管理委任契約では、法定後見制度においては認められている取消権を付与することはできません。また、金融機関の窓口対応によっては、私文書による財産管理委任契約では預貯金の入出金などができない場合もあります。そのため、財産管理委任契約と任意後見契約を併記した形で「委任契約及び任意後見契約公正証書」を作成し、受任者に対する社会的信用を得るとともに、委任者の判断能力が不十分になってからも、任意後見を発動することで引き続き財産管理や身上保護ができるようにしておくことが一般的です。

(3) 財産管理委任契約書の作成業務

財産管理委任契約は必ずしも公正証書で作成する必要はありません。私文書での作成であっても法律的な効力は同じです。しかし、前述した金融機関の窓口対応への対策にとどまらず、代理権の範囲や受託者の報酬、解除条項など契約の内容を明確にしておくことで後日のトラブルを防ぎ、また、任意後見へスムーズに移行するためにも公正証書によって作成しておくべきでしょう。財産管理委任契約は、「委任契約及び任意後見契約公正証書」として任意後見契約と同時に作成されることが一般的であるため、その作成業務も任意後見契約書の作成業務と並行して行われます。

① 必要書類の収集

委任契約及び任意後見契約公正証書を作成するにあたっての必要書類は、任意後見契約公正証書を作成する際の必要書類を兼ねることになります。実際は、任意後見契約公正証書を作成する場合に収集する書類と同様の書類を収集することになります。一般的には、以下の資料を収集します。

・本人（委任者）の印鑑証明書
　本人確認のため
・本人（委任者）の戸籍謄本
　本人の本籍は公証人の嘱託による登記事項であるため
・本人（委任者）の住民票
　本人の住所は公証人の嘱託による登記事項であるため
・財産管理委任契約の受任者兼任意後見受任者（将来の任意後見人）の印鑑証明書
　本人確認のため
・財産管理委任契約の受任者兼任意後見受任者の住民票
　任意後見受任者の住所は公証人の嘱託による登記事項であるため

② 文案の作成

委任者と面談を行い、受任者を誰にするのか、どのような代理権を付与するかなどを確認し、本人の希望が適切に実現されるよう、文案を作成します。

③　公証人との打ち合わせ

委任契約及び任意後見契約公正証書を作成する日時を予約し、文案と必要書類を提出します。公証人のチェックを経て、文案が完成します。

④　公正証書の作成

委任契約及び任意後見契約公正証書の作成は委任者と受任者が公証役場にて行います。公証人による内容の最終確認のあと、両者が委任契約及び任意後見契約公正証書に署名し、実印にて押印します。最後に、公証人に手数料を支払って当日の手続きを終了します。公証人の基本手数料は１契約につき11,000円（受任者が無報酬の場合）です。その他、受任者の報酬に応じて手数料が法定されています。

(4)　財産管理委任契約のアプローチ

財産管理委任契約は、判断能力はあるものの、加齢や病気などによる身体上の不調から自分の財産の管理が難しくなった場合に必要とされます。資産家である夫が亡くなり、その妻が多額の財産を相続したものの、自分ではその管理が難しい場合や、高齢の不動産オーナーが、判断能力はあるものの身体が不自由な状態になった場合などに適しています。いずれの場合も任意後見の発動を見据え、それまでの期間を財産管理委任契約でフォローするという提案を行うことで、よりニーズに合ったアプローチとなるでしょう。

(5) 協業すべき士業

財産管理委任契約を公正証書で作成する場合、士業にとってのその作成業務は、本質的には書類の作成業務ではなく書類作成についての相談業務です。なぜなら、財産管理委任契約書を実際に作成するのは公証人であるからです。士業の役割は財産管理委任契約書の作成にあたってのサポート業務になります。このような業務は、主に弁護士・司法書士・行政書士が行っています。弁護士は「一般の法律事務」として、行政書士は「権利義務に関する書類」の作成についての相談業務として行うことができます。司法書士については、任意後見契約への移行を前提に、任意後見契約書の作成業務についての付随業務として行うことができる、財産管理委任契約における受任者となることを前提に、司法書士法施行規則第31条における管理・処分業務の一環として行うことができる、などの見解が聞かれます。なお、受任者を弁護士、司法書士または行政書士に依頼する場合は、その受任者である士業が財産管理委任契約書の作成サポートも行うケースが多いでしょう。その他、協業先の士業の選択にあたっては、依頼者との相性や実務経験、コスト面や対応スピードなどを考慮して依頼すればよいでしょう。

7　死後事務委任契約

(1)　死後事務委任契約の目的

死後事務委任契約とは、自分の死後の事務手続きについて、他人に委託しておくための契約です。具体的には、葬儀・埋葬の手配や医療費の支払い、公共料金の解約や遺品の整理などを委託します。これらの事務手続きを死後事務といい、通常は相続人などの親族が行います。しかし、親族がいない場合や、親族がいても遠方に居住している場合、親族も高齢で死後事務を行うことが難しい場合などは、死後事務を行う人がいなくなってしまうことが想定されます。そこで、そのような場合に備え、あらかじめ特定の代理人に死後事務を委託しておくことで、円滑に死後の手続きを行うことを目的として死後事務委任契約が結ばれます。

(2)　死後事務委任契約の概要

死後事務委任契約は、民法の「委任」規定に基づき、委託者が受任者に死後事務に関する法律行為について代理権を付与します。代理権の範囲は、委任者と受任者が取り決めます。遺言の効力は、相続財産の処分方法や相続人の身分など民法で規定された事項に限られるため、死後事務に関する事項を遺言に記載しても法的な効力はありません。また、後見は原則として被後見人の死亡によって終了するため、後見人は一定の場合を除いて死後事務を行うことはできません。したがって、死後事務について他人に委託することを希望する場合は、死後事務委任契約を結んでおく必要があります。なお、死後事務委任契約の受任者となる場合は、死後事務委任契約を結んでいることについて知らされていなかった相続人とのトラブルを避け、死後事務を実行するための費用や死後事務委任に関する報酬を確保するために、委任者の遺言において遺言執行者の指定を受けておくことが望ましいでしょう。それにより死後事務の実行が担保されることになります。

(3) 死後事務委任契約書の作成業務

死後事務委任契約は必ずしも公正証書で作成する必要はありません。私文書での作成であっても法律的な効力は同じです。実務上も、実際の手続きに関しては私文書であっても特に問題にならないケースが多いでしょう。しかし、前述した相続人とのトラブルを回避し、代理権の範囲や事務費用の負担、受託者の報酬など契約の内容を明確に示すためにも公正証書によって作成しておくべきでしょう。

①　必要書類の収集

死後事務委任契約公正証書を作成するにあたっての必要書類を収集します。一般的には、以下の資料を収集します。

・委任者の印鑑証明書

　　本人確認のため

・受任者の印鑑証明書

　　本人確認のため

②　文案の作成

委任者と面談を行い、受任者を誰にするのか、どのような代理権を与えるか、葬儀・埋葬の方式や予算、報酬はいくらにするのかなどを確認し、本人の希望が適切に実現されるよう、文案を作成します。

③　公証人との打ち合わせ

死後事務委任契約公正証書を作成する日時を予約し、死後事務委任契約の文案と必要書類を提出します。公証人のチェックを経て、文案が完成します。

④　公正証書の作成

死後事務委任契約公正証書の作成は委任者と受任者が公証役場で行います。公証人による内容の最終確認のあと、両者が公正証書に署名し、実印にて押印します。最後に、公証人に手数料を支払って当日の手続きを終了します。公証人の基本手数料は１契約につき11,000円（受任者が無報酬の場合）です。その他、受任者の報酬に応じて手数料が法定されています。

(4) 死後事務委任契約のアプローチ

死後事務委任契約のアプローチは、自分の死後事務をしてくれる親族がいない者、親族はいるけれども親族に迷惑をかけたくない者、親族に死後事務を依頼することが難しい者などに対して有効です。近年増加傾向にある生涯未婚の「おひとりさま」だけでなく、子がいない夫婦で夫が亡くなった場合に残された妻や、子はいるけれども遠方に住んでいる、親族が高齢で手続きができない、親族と絶縁状態になっているなどで連絡が取れない、内縁関係のパートナーがいるなどの事情がある場合が該当します。そのような顧問契約先に対する遺言や後見、財産管理委任契約などの提案の延長線上でアプローチすることで、よりニーズにあった提案となるでしょう。

(5) 協業すべき士業

死後事務委任契約を公正証書で作成する場合、士業にとってのその作成業務は、本質的には書類の作成業務ではなく書類作成についての相談業務です。なぜなら、死後事務委任契約書を実際に作成するのは公証人であるからです。士業の役割は死後事務委任契約書の作成にあたってのサポート業務になります。このような業務は、主に弁護士・司法書士・行政書士が行っています。弁護士は「一般の法律事務」として、行政書士は「権利義務に関する書類」の作成についての相談業務として行うことができます。司法書士については、死後事務委任契約における受任者となることを前提に、司法書士法施行規則第31条における管理・処分業務の一環として行うことができる、などの見解が聞かれます。なお、受任者を弁護士、司法書士または行政書士に依頼する場合は、その受任者である士業が財産管理委任契約書の作成サポートも行うケースが多いでしょう。その他、協業先の士業の選択にあたっては、依頼者との相性や実務経験、コスト面や対応スピードなどを考慮して依頼すればよいでしょう。

5つ目の知恵

相続手続きの業務と士業連携を知る

ここからは、相続開始後の「相続手続きの業務」について、協業すべき相続業務にはどのようなものがあるのかを解説します。税理士事務所が相続業務に取り組もうとする場合、「生前対策の業務」に比べ、「相続手続きの業務」のほうが比較的アプローチしやすいでしょう。なぜなら、相続手続きの業務は依頼者のニーズが顕在化していることが多いからです。税理士業務においても、生前の相続税対策と相続税申告を比較すると、申告期限のある相続税申告の方が受注しやすいのと同じです。したがって、まずは相続開始後に「相続手続きの業務」を受注したうえで、その延長線上にある二次相続対策として「生前対策の業務」にアプローチすればよいでしょう。例えば、まずは顧問契約先などから相続税の申告を受注します。その申告業務を終えたあと、残された配偶者などに対して、相続税対策とともに遺言や後見の提案を行うイメージです。

1　相続関係説明図の作成

(1)　相続関係説明図の作成業務

相続が発生したのち、金融機関における解約の手続きや、不動産の名義変更における手続きを行うにあたっては、相続人の確定が前提条件となります。そのために市区町村役場において、被相続人の出生から死亡時までの戸籍（除籍）謄本と、相続人の現在の戸籍謄本を収集する必要があります。戸籍は、戸籍法の改正や転籍、婚姻、離婚など、様々な理由で新たに作成されます。その際、以前の戸籍の情報すべてが転載されるわけではなく、死亡や婚姻などの理由で除籍された親族の情報や、認知した子の情報は新たな戸籍に記載されません。したがって、出生から死亡時までの戸籍（除籍）謄本がなければ相続人の範囲を確定させることができません。また、相続人の現在の戸籍謄本は、相続人が生存していることを確認するために必要となります。それらの資料に基づき、相続関係説明図を作成します。

⑵　協業すべき士業

相続関係説明図の作成業務は、主に弁護士・司法書士・行政書士が行っています。弁護士は「一般の法律事務」として、行政書士は「事実証明に関する書類」として行うことができます。司法書士については、相続登記において相続関係説明図を添付することを前提に、「法務局又は地方法務局に提出する書類」の作成として行うことができる、司法書士法施行規則第31条における管理・処分業務の一環として行うことができる、などの見解が聞かれます。協業先の士業の選択にあたっては、依頼者との相性や実務経験、コスト面や対応スピードなどを考慮して依頼すればよいでしょう。

2　法定相続情報一覧図の取得

(1)　法定相続情報一覧図の取得業務

法定相続情報一覧図とは、法務局の登記官が、戸籍に基づく被相続人の相続関係を公的に証明した書面です。公的に証明された相続関係説明図ともいえるでしょう。法定相続情報一覧図は、金融機関における解約手続きや、不動産の名義変更における手続き、相続税申告における添付書類としても使用することができます。一度取得をすれば、出生から死亡時にわたる戸籍謄本の原本に代えて提示することができるため、手続きをすべき金融機関が多い場合や、相続登記において申請先の法務局が複数になる場合は、事務負担を軽減することができます。法定相続情報一覧図は法務局で保管され、その写しが交付されます。枚数に関わらず写しの交付に費用はかかりません。法定相続情報一覧図の保管・写しの交付の申出にあたっては、一般的に以下の資料を作成・収集し、被相続人の本籍地や最後の住所地などを管轄する法務局に提出します。

①　必要書類の収集

法定相続情報一覧図の保管・写しの交付を法務局に申出するにあたっての必要書類を収集します。一般的には、以下の資料を収集します。

・被相続人の出生から死亡時までの戸籍（除籍）謄本

・被相続人の住民票除票または戸籍の附票

・相続人の現在の戸籍謄本

・相続人の住民票の写し（法定相続情報一覧図に相続人の住所を記載する場合）

・申出人の本人確認書類

② 資料の作成・提出

以下の書類を作成し、必要書類とともに被相続人の本籍地や最後の住所地を管轄する法務局などに提出します。

・法定相続情報一覧図の保管及び交付の申出書

・法定相続情報一覧図（自分で作成したもの）

(2) 法定相続情報一覧図の取得と税理士業務

法定相続情報一覧図の保管・写しの交付の申出については、税理士をはじめ弁護士・司法書士・行政書士などが代理人として行うことができます。相続が発生した場合、相続人の確定は必須の作業となります。相続税申告にあたっても、添付書類として「相続の開始の日から10日を経過した日以後に作成された戸籍の謄本で被相続人の全ての相続人を明らかにするもの」の提出が求められており、それに代えて法定相続情報一覧図の写し（実子または養子のいずれであるかの記載があるものに限ります）を添付書類とすることもできます。従来の相続税申告の実務においては、被相続人の戸籍謄本等の収集を、相続人らに依頼するケースが多かったのではないでしょうか。しかし、不完全な状態での戸籍の収集となり、かえって相続人の確定に時間を要する結果となることもあります。また、相続税申告の受注時に相続人らがすでに戸籍謄本等を収集している場合でも、それらを解読する作業は一から行わなければなりません。その作業に対する報酬は、実質的に相続税申告報酬に含められることが通常でした。しかし、法定相続情報一覧図の取得が税理士業務として認められたことにより、相続人の確定作業を相続税申告とは別途の報酬として受注しやすくなったといえるでしょう。法定相続情報は登記官が認証するため、相続人の判定を誤るリスクもなくなります。もちろん、法定相続情報一覧図の取得について、弁護士・司法書士・行政書士などの他士業と協業することも可能です。

3　財産目録の作成

(1)　財産目録の作成業務

被相続人の相続開始時点での財産を確認します。財産目録の作成業務は上記「1　相続関係説明図の作成」または「2　法定相続情報一覧図の取得」と合わせて受注するケースが多いでしょう。いずれも相続開始時の現状を確認するための業務であり、相続手続きを進めるうえで必須の作業だからです。財産目録の作成を行うことで、遺産分割協議の対象となる財産を明確にし、限定承認や相続放棄をする際の判断材料とすることができます。また、相続財産額が相続税の基礎控除額を超えることが確認できれば、相続税申告の業務につながる可能性も高くなるでしょう。財産目録の作成にあたっては、一般的には以下の資料などを収集し、評価額や残高を確認します。なお、財産目録の作成にあたっての不動産の評価額は、通常、固定資産税評価額を用います。

・相続開始年度の固定資産評価証明書または固定資産税課税明細書
・不動産の全部事項証明書
・住宅地図、公図、地積測量図、建物図面・各階平面図
・相続開始時における金融機関の残高証明書
・生命保険証書
・自動車検査証（車検証）

・ゴルフ会員権証書

⑵ 協業すべき士業

財産目録の作成は、主に弁護士・司法書士・行政書士が行っています。弁護士は「一般の法律事務」として、行政書士は「事実証明に関する書類」の作成として行うことができます。司法書士については、司法書士法施行規則第31条における管理・処分業務の一環などとして行うことができる、などの見解が聞かれます。一般的には、上記「1　相続関係説明図の作成」または「2　法定相続情報一覧図の取得」を受注した士業によって行われることが多いでしょう。

4　相続放棄

(1)　相続放棄申述書の作成業務

相続放棄とは、被相続人の一切の財産及び債務について、相続人としての権利を放棄することです。預貯金や不動産などのプラスの財産も、借入金などのマイナスの財産も承継しないことになります。上記「1　相続関係説明図の作成」または「2　法定相続情報一覧図の取得」により相続人が確定し、「3　財産目録の作成」により相続財産が確定した結果、自分が相続人であり、かつ、被相続人の債務が財産より明らかに多いような場合には、相続放棄が検討されます。なお、相続放棄をした者は、初めから相続人にならなかったとみなされるため、同順位の相続人がいない場合には、次順位の相続人がその相続権を持つことになります。したがって、相続人全員が相続放棄をしなければ、最終的に相続放棄をしなかった相続人が被相続人の財産及び債務を承継することになります。また、特定の相続人に財産を承継させたい場合にも相続放棄が検討されます。例えば、被相続人に配偶者や子がなく、母のみが相続人である場合に、母が相続放棄をすることにより、次順位の相続人である、被相続人の弟に財産を承継させる場合などが考えられます。また、財産や債務の多少にかかわらず、あえて被相続人の相続に関わりたくないという場合にも、相続放棄が検討されます。相続放棄をするためには、自分のために相続の開始があったことを知った時から3ヶ月以内に、被相続人の最後の住所地を管轄する家庭裁判所に「相続放棄申述書」を提出する必要があります。相続放棄が受理されれば「相続放棄申述受理通知書」が交付されます。相続放棄の申述にあたっては、一般的に以下の資料を作成・収集します。手数料は申述人1人につき800円です。

・相続放棄申述書

・被相続人の住民票除票又は戸籍附票

・申述人の戸籍謄本

・申述人が相続人であることが確認できる戸籍謄本一式

(2) 協業すべき士業

相続放棄申述書の作成は、弁護士・司法書士の業務となります。弁護士は「一般の法律事務」として、司法書士は「裁判所に提出する書類の作成」として行うことができます。協業する士業の選択にあたっては、依頼者との相性や実務経験、コスト面や対応スピードなどを考慮して依頼すればよいでしょう。

5　遺言検索

(1)　遺言検索の業務

遺言の有無により、その後の相続手続きは大きく変わります。なぜなら、遺言がある場合は、原則として遺言に従い財産が承継され、遺言がない場合は、遺産分割協議によることになるからです。また、遺言がある場合とない場合では、相続手続きの際の必要書類も変わってきます。したがって、遺言が作成されている可能性がある場合には、その確認が必要となります。なお、遺言の有無の確認方法は、公正証書遺言の場合と自筆証書遺言の場合とで、その手続きが異なります。

①　公正証書遺言の場合

i．遺言の有無の確認

公正証書遺言の有無は、公証役場における「遺言検索システム」によって確認することができます。1989年（昭和64年／平成元年）1月1日以降に作成された公正証書遺言は、日本公証人連合会によってデータベース化され、作成した公証役場名、公証人名、遺言者名、作成年月日などが記録されています。「遺言検索システム」は全国どこの公証役場でも利用することができますが、遺言者の生前は遺言者本人しか利用することができません。遺言者の相続開始後は、遺言者の相続人や受遺者、遺言執行者などの利害関係人が利用できます。また、利害関係人からの委任により、代理人が検索することもできます。遺言者の相続人が遺言を検索するにあたっては、一般的に以下の資料を作成・収集し、公証役場に提出します。なお、手数料は無料です。

・遺言公正証書作成の調査依頼申請書

・遺言者の死亡時の戸籍謄本

・請求者が遺言者の相続人であることが確認できる戸籍（除籍）謄本

・請求者の戸籍謄本

・請求者の本人確認書類

ⅱ．遺言内容の確認

「遺言検索システム」によって、遺言の有無は確認できますが、遺言の内容までは確認できません。遺言の内容を確認するためには、遺言を作成した公証役場に直接、公正証書遺言の謄本を請求する必要があります。請求できるのは遺言者の相続人や受遺者、遺言執行者などの利害関係人です。また、利害関係人からの委任により、代理人が請求することもできます。遺言者の相続人が請求するにあたっては、一般的に以下の資料を作成・収集し、遺言書を作成した公証役場に提出します。手数料は謄本１枚ごとに250円です。なお、2019年（平成31年／令和元年）４月１日より、郵送での請求も可能となっています。

・公正証書謄本交付申請書

・遺言者の死亡時の戸籍謄本

・請求者が遺言者の相続人であることが確認できる戸籍（除籍）謄本

・請求者の戸籍謄本

・請求者の本人確認書類

② 自筆証書遺言の場合

ⅰ．遺言の有無の確認

遺言者が自筆証書遺言の保管制度を利用している場合には、法務局において「遺言書保管事実証明書」の交付を受けることにより、遺言の有無を確認することができます。全国どこの法務局においても交付請求をすることができますが、遺言者の生前は請求することができません。遺言者の相続開始後は、遺言者の相続人であるかどうかなどを問わず、だれでも請求することができます。遺言者の相続人が「遺言書保管事実証明書」を交付請求するにあたっては、一般的に以下の資料を作成・収集し、法務局に提出します。手数料は証明書１通につき800円です。なお、自筆証書遺言の遺言者が保管制度を利用していない場合には、遺言の有無を確認するための公的な制度はありません。

・遺言書保管事実証明書の交付請求書

・遺言者の死亡時の戸籍謄本

・請求者が遺言者の相続人であることが確認できる戸籍（除籍）謄本

・請求者の戸籍謄本

・請求者の住民票の写し

・請求者の本人確認書類

ⅱ．遺言内容の確認

「遺言書保管事実証明書」の交付により、遺言が保管されていることが確認できた場合には、法務局において「遺言書情報証明書」の交付を受けることにより、遺言の内容を確認することができます。全国どこの法務局においても交付請求をすることができますが、遺言者の生前は請求することができません。請求ができるのは遺言者の相続人や受遺者、遺言執行者などです。遺言者の相続人が「遺言書情報証明書」を交付請求するにあたっては、一般的に以下の資料を作成・収集し、法務局に提出します。手数料は証明書１通につき1,400円です。なお、「遺言書情報証明書」が相続人などに交付された場合には、法務局は遺言が保管されている旨をその他の相続人や受遺者、遺言執行者に通知します。

・遺言書情報証明書の交付請求書
・法定相続情報一覧図
・遺言者の出生から死亡時までの戸籍（除籍）謄本（法定相続情報一覧図がない場合）
・相続人全員の戸籍謄本（法定相続情報一覧図がない場合）
・相続人全員の住民票の写し（法定相続情報一覧図がない場合または法定相続情報一覧図に住所の記載がない場合）
・請求者の本人確認書類

(2) 協業すべき士業

① 公正証書遺言の場合

公正証書遺言を検索するための書類の作成は、特定の士業に限らず、誰でも行うことができます。一般的には、遺言執行や遺産整理業務を受注した士業によって行われることが多いでしょう。

② 自筆証書遺言の場合

自筆証書遺言を検索するための書類の作成は、「法務局又は地方法務局に提出する書類」に該当し、司法書士の業務となります。なお、他士業も本来の業務の遂行にあたって「遺言書保管事実証明書」や「遺言書情報証明書」を第三者に提示する必要がある場合には、本来の業務に付随する業務として行うことができると解されています。

6　自筆証書遺言の検認

(1)　検認申立書の作成業務

遺言者が自筆証書遺言を作成しており、かつ、自筆証書遺言の保管制度を利用していない場合には、家庭裁判所において検認を受ける必要があります。検認とは、相続人に対して遺言の存在と、その内容を知らせるとともに、遺言書の形状、加除訂正の状態、日付、署名など、検認の日における遺言書の状態を確認し、遺言書の偽造や変造を防止するための手続きです。検認の申立てをすると、相続人に対して裁判所から検認期日の通知がなされます。申立人以外の相続人が検認期日に出席するかどうかは、各人の判断に任されています。検認期日において申立人から遺言書を提出し、出席した相続人などの立会いのもと、裁判官が遺言書を検認します。なお、封印がされた遺言書については、家庭裁判所で相続人などの立会いのうえ、開封しなければならないことになっています。検認後に検認済証明書の申請（遺言書１通につき150円）を行い、検認済証明書の交付を受けます。なお、検認は遺言書が法律的に有効かどうかの判断をする手続きではありません。あくまで、遺言書の偽造や変造を防止するための手続きです。したがって、検認済証明書があるからといって、遺言の有効性が担保されるわけではありません。自筆証書遺言の検認申立てにあたっては、一般的に以下の資料を作成・収集し、被相続人の最後の住所地を管轄する家庭裁判所に提出します。手数料は遺言書１通につき800円です。

・遺言書
・家事審判申立書（検認申立書）
・遺言者の出生から死亡時までの戸籍（除籍）謄本
・相続人全員の戸籍謄本
・相続人であることが確認できる戸籍謄本一式

(2) 協業すべき士業

検認申立書の作成は、弁護士・司法書士の業務となります。弁護士は「一般の法律事務」として、司法書士は「裁判所に提出する書類」の作成として行うことができます。なお、司法書士は検認に同席することはできませんが、弁護士は代理人として同席が可能です。協業する士業の選択にあたっては、依頼者との相性や実務経験、コスト面や対応スピードなどを考慮して依頼すればよいでしょう。

7　遺産分割協議書の作成

(1)　遺産分割協議書の作成業務

被相続人の財産は、相続の開始に伴い、法律上は相続人全員の共有となります。遺言がある場合には、原則として遺言に従って財産の承継が行われます。それに対し、遺言がない場合、または遺言に記載のない財産がある場合には、遺産分割協議を行うことにより財産の共有状態が解消され、個々の財産がそれぞれの相続人に帰属することになります。遺産分割協議は、上記「1　相続関係説明図の作成」または「2　法定相続情報一覧図の取得」により相続人を確定し、「3　財産目録の作成」により相続財産を確定したうえで、相続人全員の参加により行われます。相続人全員の合意により分割協議が成立すれば、遺産分割協議書を作成し、相続人全員が署名したうえで実印により捺印します。

(2) 協業すべき士業

遺産分割協議書の作成は、主に弁護士・司法書士・行政書士が行っています。弁護士は「一般の法律事務」として、行政書士は「権利義務に関する書類の作成」として行うことができます。司法書士については、相続登記において遺産分割協議書を登記原因証明情報として添付することを前提に、「法務局又は地方法務局に提出する書類」の作成として行うことができる、司法書士法施行規則第31条における管理・処分業務の一環として行うことができる、などの見解が聞かれます。なお、税理士は相続税申告書の添付書類として、また、土地家屋調査士は不動産の表示登記の申請手続きにおける添付書類として遺産分割協議書を作成しています。相続税申告の実務においては、税理士が遺産分割協議書まで作成するケースが多いのではないでしょうか。しかし、税理士は、必ずしも法律文書の作成についての専門家ではありません。作成した遺産分割協議書が、相続税申告にあたっての添付書類としては問題がない場合でも、相続登記の登記原因証明情報としての使用に耐えられなかったり、その遺産分割協議書をもって預金口座の解約手続きができなければ、相続手続きのための書類としては作成した意味がないことになります。したがって、相続手続きの実務に精通した税理士でない限り、遺産分割協議書の作成については、弁護士・司法書士・行政書士のいずれかと協業すべきでしょう。協業する士業の選択にあたっては、職域として対応可能であることは当然として、その士業が保有する国家資格で判断するよりも、業務における専門性で判断すべきといえます。

8　特別代理人の選任

(1)　特別代理人選任申立書の作成業務

未成年者の財産に関する法律行為は、親権によって親が代理します。しかし、遺産分割協議において相続人に未成年者がいる場合、本来であれば親権によって子を代理する親との間でお互いに利益が相反する関係となるため、親が子を代理することができません。そのような場合には、家庭裁判所に特別代理人選任の申立てを行い、その特別代理人が子の代理人として遺産分割協議に参加します。この場合、原則として子の法定相続分が確保されるため、未成年である相続人に法定相続分に応じた一定の財産が承継されることになります。特別代理人になるための特定の資格は必要なく、利益相反関係がなければ子の親族でも認められます。なお、申立ての際には遺産分割協議書案を添付する必要があります。特別代理人の選任手続きには1～2ヶ月程度を要することが多いため、相続税申告の必要がある場合には、申告期限から逆算した早期の遺産分割協議の成立が望まれます。特別代理人を選任するためには、親権者または利害関係人が、子の住所地を管轄する家庭裁判所に「特別代理人選任申立書」を提出する必要があります。特別代理人として選任されれば「特別代理人選任審判書」が交付されます。特別代理人選任の申立てにあたっては、一般的に以下の資料を作成・収集します。

・特別代理人選任申立書
・未成年者の戸籍謄本
・親権者の戸籍謄本
・特別代理人候補者の住民票又は戸籍附票
・利益相反に関する資料（遺産分割協議書案など）

(2) 協業すべき士業

特別代理人選任申立書の作成は、弁護士・司法書士が行っています。弁護士は「一般の法律事務」として、司法書士は「裁判所に提出する書類の作成」として行うことができます。協業する士業の選択にあたっては、依頼者との相性や実務経験、コスト面や対応スピードなどを考慮して依頼すればよいでしょう。

9　相続税申告

(1)　相続税申告の業務

相続税の課税価格の合計額が基礎控除額を超える場合は、相続人または受遺者が、自分のために相続の開始があったことを知った日の翌日から起算して10ヶ月以内に、相続税の申告をする必要があります。相続業務の協業においては、他士業による「1　相続関係説明図の作成」または「2　法定相続情報一覧図の取得」、と「3　財産目録の作成」の結果、相続税申告が必要であることが判明します。したがって、税理士が相続税申告の依頼を受ける際には、他士業によりすでに戸籍関係書類の収集が完了しており、また、金融機関の残高証明なども取得されているケースが多く、通常の申告業務に比べて初動の業務負担が軽減されるメリットがあります。なお、遺産分割協議の対象とならない生命保険関係の資料や、債務控除に必要な債務・葬式費用関係の資料は収集されていないケースが多く、それらの資料は、依頼者から直接取得することになります。注意したいのは、受注時点で遺産分割協議書の作成まで終えているケースです。そのような場合、その後の相続税申告における財産の調査・確認の結果、遺産分割協議書に記載のない財産が確認されたときは、遺産分割協議書と相続税申告書の記載内容に齟齬が生じてしまうことがあります。代表的なものとしては、「貸付金」として処理される親族への資金移動や、いわゆる「タンス預金」と呼ばれる手許現金、社会保険料の過誤納還付金などがあります。協業する税理士としては、そのような齟齬が生じないように、協業が想定される他士業と協業の際の注意点について事前に共有しておく必要があるでしょう。

(2) 税理士事務所にとっての相続税申告

相続税申告は税理士の独占業務であり、従来から税理士事務所の相続業務において中核となるものです。生前の相続税対策と違い、法律的に納税義務があり、明確な申告期限もあることから、依頼者のニーズも顕在化されています。また、依頼者は、申告業務に対して一定の税理士報酬が発生することも認知しています。したがって、相続税申告を安定的に受注するルートができれば、税理士事務所の経営にとっても大きなプラスになります。しかし、人の死亡に起因する業務であるという性質上、あくまでスポット業務であり、法人顧問業務をメインとする税理士事務所にとっては、積極的に取り組むことが難しい面もあります。そこで、まずは相続業務を他士業と協業する意識を持つことから始めることで、通常業務と並行して取り組みやすくなります。なぜなら、相続業務の協業においては、他士業が自身の職域の相続業務を受注したうえで、税理士への依頼となることが多く、情報や資料を共有することにより、業務負担を軽減することができるからです。また、他士業を通じての依頼の場合、通常の新規開拓に比べ営業にかかるコストや時間を削減することができます。そして、受注がキャンセルになることもほとんどなく、効率的に業務につなげることができます。

10　相続登記

(1)　相続登記の業務

被相続人から不動産を承継した場合には、不動産の名義を被相続人から承継者に変更するための登記、いわゆる相続登記が必要となります。相続登記の申請は、不動産の所在地を管轄する法務局に対して行います。申請は承継した相続人ら本人が行うこともできますが、その手続きには専門的な知識が必要となるため、実務上は司法書士に依頼することがほとんどでしょう。登記の手続きや必要書類は、承継者が相続人であるかそうでないか、遺言書があるかないか、また、遺言書がある場合でも公正証書遺言であるか自筆証書遺言であるかによって異なります。本書では、公正証書遺言がある場合の必要書類を「11　遺言執行」において、遺言書がなく、遺産分割協議による場合の必要書類を「12　遺産整理」において解説しています。なお、2024年（令和６年）４月１日より法改正が実施され、相続登記の申請は義務化されます。

(2) 協業すべき士業

相続登記の申請業務は弁護士・司法書士が行うことができます。弁護士は「一般の法律事務」として、司法書士は「登記に関する手続きの代理」として行うことができます。しかし、実務的には司法書士が専門職として行っています。相続登記の申請業務は、歴史的な経緯からみても司法書士の本来的な業務といえるでしょう。いずれの司法書士によるかは、依頼者との相性や実務経験、コスト面や対応スピードなどを考慮して依頼すればよいでしょう。

11　遺言執行

(1)　遺言執行業務

遺言執行者は、遺言の内容を実現するために、遺言執行に必要な一切の行為をする権利義務があります。また、遺言執行者がその権限内で遺言執行者であることを示してした行為は、相続人に対して直接その効力が及びます。つまり、遺言執行者は特定の相続人の利益のために職務を行うのではなく、いわば「被相続人の代理人」として強い権限を持ち、公正な立場で遺言を執行します。遺言執行者は遺言で指定することができ、指定された遺言執行者は第三者に職務を委任することもできます。遺言執行者が遺言で指定されていない場合や、相続開始時にすでに亡くなっているような場合には、相続人や受遺者などの利害関係人の請求によって家庭裁判所が遺言執行者を選任します。遺言執行業務は一般的に以下のような手順で行われます。

①　遺言執行者への就任

遺言執行者への就任を承諾する場合には、遅滞なく、相続人全員に遺言の内容を通知しなければなりません。実務上は、遺言執行者への就任通知と遺言書のコピー、遺言者が死亡したことが確認できる戸籍謄本や相続関係説明図などを相続人及び受遺者に郵送するケースが多いでしょう。これにより、相続人が相続財産を勝手に処分することを防止します。また、相続人への通知の前提として、相続人を確定させる必要があります。そのために、被相続人の出生から死亡時までの戸籍(除籍)謄本を収集し、相続関係説明図を作成します。また、送付先の特定のために、相続人の住民票または戸籍附票を取得します。遺言書の作成段階から業務として関わっており、推定相続関係説明図の作成に伴いすでに戸籍謄本等を取得している場合には、スムーズに通知を行うことができるでしょう。なお、遺言執行者は、その就任を承諾した場合には、直ちにその職務を行わなければなりません。

② 財産目録の作成

遺言執行者は、遅滞なく財産目録を作成し、相続人に交付しなければなりません。これにより、遺言執行や報告義務の対象となる財産を明確にすることができます。遺言書の作成段階から業務として関わっており、すでに財産目録を作成している場合には、その財産目録を基に遺言書作成時から相続開始時までの財産の変動のみを加除すればよいことになるため、スムーズに交付を行うことができるでしょう。

③ 遺言内容の実現

遺言の内容を実現するために、相続財産の名義変更などの手続きを実行します。以下では実務上で対応することが多い公正証書遺言である場合の遺言執行について、預貯金・有価証券・不動産に関する執行業務を解説します。

ⅰ. 預貯金

預貯金を解約する場合は、遺言者の預金通帳や定期預金証書を相続人等から預かり、金融機関所定の相続手続依頼書とともに以下の書類を提出します(下記は一例であり、必要書類は金融機関により異なります)。

・公正証書遺言の正本または謄本

・遺言者の死亡が確認できる戸籍謄本

・遺言者の預金通帳・預金証書・キャッシュカード

・遺言執行者の印鑑証明書

・遺言執行者の本人確認書類

ⅱ．有価証券

証券会社からの取引残高報告書や運用通知書を相続人などから預かり、金融機関所定の相続手続依頼書とともに以下の書類を提出します。なお、執行の対象となる証券会社に承継者の口座がない場合には、承継者名義の口座を開設する必要があります。

・公正証書遺言の正本または謄本

・遺言者の死亡が確認できる戸籍謄本

・遺言者のキャッシュカード

・遺言執行者の印鑑証明書

・遺言執行者の本人確認書類

ⅲ．不動産

遺言執行者は、特定財産承継遺言（例：「A不動産を長男に相続させる」といった内容の遺言）により承継された不動産や、遺贈により承継された不動産の登記申請人として手続きを行うことができます。しかし、登記申請手続きには専門的な知識が必要となるため、実務上は司法書士に依頼することがほとんどでしょう。承継者が相続人である場合においては、一般的に以下の資料を作成・収集し、登記申請の対象となる不動産を管轄する法務局に提出します。

・所有権移転登記申請書

・公正証書遺言の正本または謄本

・遺言者の死亡が確認できる戸籍謄本

・遺言者の住民票除票

・不動産承継者の住民票

・固定資産評価証明書
・相続関係説明図
・司法書士への委任状（司法書士に委任する場合）

④ 遺言執行の完了

遺言執行業務が完了した場合は、相続人や受遺者に対し、完了通知を行います。実務上は、完了通知書と完了したことについての同意書を郵送するケースが多いでしょう。相続財産の承継者ではない相続人に対しても通知と報告を行うことにより、遺言書どおりに遺言執行を終えたことを周知します。

(2) 税理士事務所にとっての遺言執行

遺言執行者には特定の資格は必要なく、原則として誰でもなることができます。税理士事務所が相続業務に取り組むうえで、遺言執行はポイントとなる業務です。なぜなら、遺言書の作成業務を通じ、遺言執行者としての指定を受けておくことで、いずれ発生する遺言執行という業務をストックすることができるからです。相続業務は当然ながらスポット業務であるため、収益が予測しづらい点がビジネスモデルとしての欠点です。税理士が通常行っている法人顧問業務との最大の違いはこの点にあります。しかし、遺言執行業務をストックすることで、その欠点をカバーすることができます。したがって、相続業務に取り組むにあたっての事業計画としては、遺言書の作成からの相続税申告・遺言執行という受注フローを軸として、それに付随する業務を広げていくイメージを持てばよいでしょう。

12　遺産整理

(1)　遺産整理業務

遺産整理業務は相続開始後の相続手続きを支援・代行する業務です。相続開始後の手続きをスムーズに行うために、相続人の要望に応じて「1　相続関係説明図の作成」から「10　相続登記」までの各業務を取りまとめ、協業が必要な業務については、その業務を職域とする士業に依頼します。遺言がある場合の遺言執行者は、遺言の内容を実現するために、法律上の権限に基づいて執行します。これに対し、遺産整理業務を行う場合には、相続人全員との委任契約によって相続手続きに関する受任者となり、さまざまな相続手続きを行うことになります。遺産整理業務は一般的に以下のような手順で行われます。

①　相続人の調査

相続が発生したのち、金融機関における解約の手続きや、不動産の名義変更における手続きなどを行うにあたっては、相続人の確定が前提条件となります。そのために、被相続人の出生から死亡時までの戸籍（除籍）謄本と、相続人の現在の戸籍謄本を収集する必要があります。また、被相続人の住民票除票、相続人の住民票、被相続人と相続人の戸籍附票や除附票を収集します。それらの資料に基づき、相続関係説明図を作成し、一般的には法定相続情報一覧図を取得します。

② 財産目録の作成

被相続人の相続開始時点での財産を確認します。財産目録の作成を行うことで、遺産分割協議の対象となる財産を明確にし、限定承認や相続放棄をする際の判断材料とすることができます。また、相続財産額が相続税の基礎控除額を超えることが確認できれば、相続税申告が必要となります。

③ 遺産分割協議書の作成

上記「①　相続人の調査」及び「②　財産目録の作成」により、相続人及び相続財産を確定したのち、相続人全員の参加により遺産分割協議を行います。相続人全員の合意により分割協議が成立すれば、遺産分割協議書を作成し、相続人全員が署名したうえで実印により捺印します。

④ 遺産分割内容の実現

遺産分割協議の内容を実現するために、相続財産の名義変更などの手続きを実行します。以下では実務上で対応することが多い預貯金・有価証券・不動産に関する手続きを解説します。

ⅰ．預貯金

被相続人の預金通帳や定期預金証書を相続人などから預かり、金融機関所定の相続手続依頼書とともに以下の書類を提出します。

・遺産分割協議書
・法定相続情報一覧図
・被相続人の出生から死亡時までの戸籍（除籍）謄本（法定相続情報一覧図がない場合）
・相続人全員の戸籍謄本（法定相続情報一覧図がない場合）
・被相続人の預金通帳・預金証書・キャッシュカード

・相続人全員の印鑑証明書
・相続人全員からの委任状
・受任者の印鑑証明書
・受任者の本人確認書類

ⅱ．有価証券

証券会社からの取引残高報告書や運用通知書を相続人などから預かり、金融機関所定の相続手続依頼書とともに以下の書類を提出します。なお、手続きの対象となる証券会社に承継者の口座がない場合には、承継者名義の口座を開設する必要があります。

・遺産分割協議書
・法定相続情報一覧図
・被相続人の出生から死亡時までの戸籍（除籍）謄本（法定相続情報一覧図がない場合）
・相続人全員の戸籍謄本（法定相続情報一覧図がない場合）
・相続人全員の印鑑証明書
・被相続人のキャッシュカード
・相続人全員からの委任状
・受任者の印鑑証明書
・受任者の本人確認書類

ⅲ．不動産

遺産分割協議により不動産を承継した相続人は、登記申請人として手続きを行うことができます。しかし、登記申請手続きには専門的な知識が必要となるため、実務上は司法書士に依頼することがほとんどでしょう。登記申請手続きにあたっては、一般的に以下の資料を作成・収集し、登記申請の対象となる不動産を管轄する法務局に提出します。

・所有権移転登記申請書
・遺産分割協議書

・相続人全員の印鑑証明書
・法定相続情報一覧図
・被相続人の出生から死亡時までの戸籍（除籍）謄本（法定相続情報一覧図がない場合）
・被相続人の住民票除票
・相続人全員の戸籍謄本（法定相続情報一覧図がない場合）
・不動産承継者の住民票
・固定資産評価証明書
・相続関係説明図（法定相続情報一覧図がない場合）
・司法書士への委任状（司法書士に委任する場合）

⑤　相続税の申告

財産目録を作成した結果、相続財産額が相続税の基礎控除額を超えるようであれば、相続人または受遺者が、自分のために相続の開始があったことを知った日の翌日から起算して10ヶ月以内に、相続税の申告をする必要があります。相続税の申告は、財産を承継した相続人または受遺者自身で行うこともできます。しかし、相続税申告には専門的な知識が必要となるため、実務上は税理士に依頼することがほとんどでしょう。なお、相続税の申告が必要であることが見込まれる場合には、財産目録の作成時において金融機関の残高証明書とともに、あらかじめ過去の取引履歴についても取得しておくことで、金融機関での再度の手続きを省くことができます。

⑥　財産の分配

相続人が複数の場合は一旦、相続手続き専用口座に入金し、各士業の報酬や実費を精算のうえ、遺産分割協議に従って各相続人に分配します。なお、相続人が一人の場合は、他の相続人に分配する必要がないため、金融機関などから直接相続人の口座に入金してもらうケースもあります。

⑦ その他の業務

上記の業務のほか、必要に応じて専門家と協業します。主な協業パターンには以下のようなものがあります。

- 相続争いとなり遺産分割協議が調わない → 弁護士
- 未登記の不動産がある → 土地家屋調査士・司法書士
- 不動産を売却したい → 不動産業者
- 遺品の整理をしたい → 遺品整理業者

(2) 税理士事務所にとっての遺産整理

委任契約における受任者には特定の資格は必要なく、原則として誰でもなることができます。その点において、税理士事務所が相続業務に取り組むうえで、遺産整理は遺言執行と同様、ポイントとなる業務になります。遺言がある場合は、遺言執行者としての受注が想定されるのに対し、遺言がない場合は、相続人から直接委任を受け、遺産整理業務を受注することで対応できるからです。遺産整理業務を受注することで、それに付随する業務に取り組みやすくなります。スポット業務である相続業務に、面としての広がりを持たせることができます。

6つ目の知恵

相続業務の協業パターンを知る

相続業務への取り組みは、税理士事務所によって様々です。最終的には所長税理士や代表社員によって意思決定されますが、事務所の状況によって資金的・時間的な制約もあるでしょう。この章では、税理士事務所が相続業務の協業に取り組むにあたって、具体的にどのような協業パターンが考えられるのか、それぞれのパターンについてのメリットとデメリットを併せて解説します。また、各士業と協業するにあたって、知っておかなければならない各士業法の条文・規則・規程などについて取り上げます。

1　相続業務の協業パターン

(1)　個別連携型

①　内容

税理士が相続業務について、弁護士・司法書士・行政書士・土地家屋調査士などの他士業と、案件ごとに個別に連携する方法です。現状では、このような形で他士業と連携をしている税理士事務所が多いのではないでしょうか。相続に関する顧問契約先のニーズに応じ、該当する職域をもつ他士業と連携します。例えば、相続税申告を受注するにあたって、相続登記についても依頼をされるケースがあります。当然ながら相続登記は税理士業務ではないため、このようなケースでは司法書士と連携することになります。また、顧問契約先の遺言を作成するにあたり、遺言の内容を決定するための判断材料として税理士が相続税の試算を行い、文案の作成については弁護士・司法書士・行政書士などと連携するといったケースもあります。実際の協業を通じて他士業と信頼関係を築くことができれば、その後の税理士業務の依頼につながることも考えられます。

② メリット

個別連携型による場合、後述する「（２）行政書士事務所併設型」や「（３）ワンストップ法人型」のように組織体制の事前準備をする必要がありません。したがって、相続業務における協業をするにあたって最も取り組みやすいパターンといえます。他士業との協業について意識的にアンテナを張り、他士業の職域をしっかり認識しておくことで対応することができます。相続業務に専属する担当者を置くことが難しい税理士事務所でも取り組みやすい協業パターンといえます。

③ デメリット

デメリットとしては、個別連携型はあくまで税理士の個人的な人脈に基づく連携となるため、属人性が強いことが挙げられます。多くの税理士事務所では、対外的な活動をするのは所長税理士など限られたメンバーとなっているのが現状ではないでしょうか。そのようなケースでは、所長税理士の引退や協業先の士業の代替わりに伴う人脈の承継がうまくいかない場合に、事業の継続性という点からはデメリットになります。また、依頼者とファーストタッチをする士業が税理士となる場合は、案件が税務的な相談を含むものに偏りがちになり、間口が限定的になる傾向にあります。そして、相続業務の全体を把握しているまとめ役がいないケースが多く、依頼者にとっては依頼内容ごとに別の士業に対応する必要があるため、手続きがスムーズに進まないことがあります。

(2) 行政書士事務所併設型

① 内容

税理士事務所が行政書士事務所を併設し、相続業務については行政書士事務所が窓口となるパターンです。相続業務に関する行政書士の職域は広く、専門性をもつまとめ役として適任と考えられます。また、税理士は行政書士となる資格を有するため、登録を行えば行政書士を兼業することも可能です。所長税理士が行政書士登録を行ったうえで他の行政書士と行政書士法人を設立すれば、グループとして相続業務に対応することもできます。例えば、顧問契約先からの相続相談に対し、まずグループ内の行政書士が対応します。行政書士は相談者にヒアリングを行い、相談内容を整理します。ひとえに相続相談といっても相談内容は様々です。税務相談以外にも、遺言や後見、信託に関するものや、不動産の名義変更などもあります。それらの相談に対して、行政書士業務として対応することができるものは、その行政書士が担当し、協業が必要な業務については、その業務を職域とする士業と連携します。

② メリット

行政書士事務所併設型のメリットは、相続業務の間口が広がる点にあります。行政書士は、紛争性がない案件であることを前提に、幅広い範囲で相続業務を行うことができます。例えば、一般的に税理士が対応することがない、相続税がかからないと見込まれる依頼者からの遺言書の作成業務も行います。グループとしては、そのような業務を内製化することにより、遺言執行などの業務を受注しやすくなります。また、行政書士は、相続関係説明図や財産目録の作成を職域としています。当初は相続税がかからないと見込まれた依頼者でも、相続関係説明図や財産目録の作成を行った結果、相続税がかかることが判明することがよくあります。行政書士が窓口になることにより、結果的に相続税申告の業務を掘り起こすことができるのです。また、他士業と連携する間口が増えることにより、連携の機会も増え、連携先の人脈の幅も広がります。実際の協業を通じて他士業と信頼関係を築くことができれば、その後の税理士業務の依頼につながることも考えられます。

③　デメリット

行政書士事務所併設型のデメリットとしては、行政書士会への登録費用（登録する行政書士会により30万円前後）や会費、行政書士の人件費などのコストがかかる点です。また、一般的には、行政書士が相続業務だけで経営を維持することは難しいといわれます。行政書士事務所を開設する際は、税理士事務所と併設することで得られる相乗効果の検討を含め、綿密な事業計画の策定が必要です。

(3)　ワンストップ法人型

①　内容

相続業務の相談窓口として、一般社団法人などの法人を設立するパターンです。税理士事務所あるいは税理士法人とは別の法人とします。株式会社よりも設立の際のコストを抑えることができ、公共的なイメージを持つことから一般社団法人で設立されることが多い傾向にあります。従業員に特定の資格は必要ありません。このワンストップ法人型では、設立された法人の相談窓口としての独立性・専門性が「(2) 行政書士事務所併設型」より高く、ワンストップで様々な相続業務の振り分けを行います。ワンストップ法人は、当然ながら士業の独占業務を行うことはできないため、相談内容の整理や必要な手続きの案内、専門家とのスケジューリングや進捗管理などのサービスを行うことにより、相談者から報酬を得ることになります。また、遺言執行や遺産整理など、特定の資格が必要のない相続業務を行います。

② メリット

相談者にとって、私たち士業が思う以上に「士業」は気軽に相談する相手として、ハードルが高いと感じてしまう傾向にあります。また、相続相談をしたいけれど、どの士業に相談してよいかわからないという相談者も多いでしょう。そこで、税理士事務所あるいは税理士法人とは別の法人を設立し、独立した相談窓口として運営することにより、相談者の心理的なハードルを下げ、相続相談の間口を広げることができます。ワンストップ法人が独自に営業活動や集客を行うことにより、税理士事務所は営業にかかる時間やコストを削減し、税理士業務に専念することができます。また、法人として遺言執行者の指定を受けることにより、個人である遺言執行者の死亡や判断能力の低下リスクを危惧する遺言者の受け皿としての機能を持たせることもできます。

③ デメリット

ワンストップ法人型は、ワンストップ法人が「何をどうしたらよいかわからない」という相談者の伴走者として、士業の独占業務以外の部分で価値を生み出します。その結果、相談者・各士業・ワンストップ法人の三方よしとなる点で、相続業務の協業パターンとしては理想的といえます。しかし、ワンストップ法人には相続業務についての高度な知識や実務経験、相談者の伴走者としての人間性や倫理観も求められます。当然ながら、各士業の独占業務について、その職域を侵すことがないよう、細心の注意が必要です。したがって、そのような人材の確保・教育をしなければならない点が一つの課題となります。また、法人設立の費用や人件費、販売促進費などの初期投資が必要となります。法人設立の際は、長期にわたる綿密な事業計画の策定が必要となります。

④ 司法制度改革審議会の意見書

司法制度改革審議会とは、21世紀の我が国社会において司法が果たすべき役割を明らかにし、国民がより利用しやすい司法制度の実現、国民の司法制度への関与、法曹の在り方とその機能の充実強化その他の司法制度の改革と基盤の整備に関し必要な基本的施策について調査審議することを目的として、1999年（平成11年）７月から2001年（平成13年）７月まで、内閣に設置された審議会です。この審議会が同年６月にまとめた提言の中で、以下のように士業のワンストップ・サービスの必要性について述べられています。

> ワンストップ・サービス（総合的法律経済関係事務所）実現のため、弁護士と隣接法律専門職種などによる協働を積極的に推進するための方策を講じるべきである。（中略）
>
> 弁護士と隣接法律専門職種その他の専門資格者による協働については、依頼者の利便の向上を図る観点から、ワンストップ・サービス（総合的法律経済関係事務所）を積極的に推進し、その実効を上げるための方策を講じるべきである。その際、収支共同型や相互雇用型等の形態などいわゆる異業種間共同事業の容認の可否については、更に検討すべきである。

2　各士業の協業に関する規定

(1) 概　　要

弁護士・司法書士・行政書士・税理士・土地家屋調査士は、各士業法や倫理規程において協業に関係する規定が定められています。したがって、各士業との協業にあたっては、それらの規定を十分に理解し、違法な連携とならないよう注意が必要です。特に、弁護士・司法書士・土地家屋調査士については、いわゆる「紹介料」の授受の禁止が明文化されています。相続業務における協業において、弁護士・司法書士・土地家屋調査士は欠かすことのできない重要な連携先です。なぜなら、弁護士は紛争性のある相続案件の対応について、司法書士は相続登記について、また、土地家屋調査士は不動産の表示に関する登記について、それぞれ絶対的な独占分野があるからです。それらの業務について円滑に連携するためにも、弁護士・司法書士・土地家屋調査士との協業においては、特に慎重な対応が求められます。

(2) 弁護士の協業に関する規定

① 弁護士法

(非弁護士との提携の禁止)

第二十七条　弁護士は、第七十二条乃至第七十四条の規定に違反する者から事件の周旋を受け、又はこれらの者に自己の名義を利用させてはならない。

概　要

弁護士法においては、弁護士が非弁行為を行う者から事件の周旋を受け、また、そのような者に名義貸しを行うことを禁止しています。これは弁護士が、非弁行為を行う者と結託し、それらの者の行為を直接的または間接的に助長することを禁止するためです。

解　説

➢ 第七十二条乃至第七十四条の規定に違反する者

第72条から第74条に違反する者とは、弁護士または弁護士法人でないのに法律事務を取り扱い、またはこれらの周旋をすることを業とする者（第72条）、他人の権利を譲り受けて訴訟、調停、和解などによってその権利を実行することを業とする者（第73条）、弁護士または弁護士法人でないのに弁護士または弁護士事務所の標示や記載をする者、利益を得る目的で法律相談などの法律事務を取り扱う旨の標示や記載をする者、弁護士法人でないのに弁護士法人またはこれに類似する名称を用いる者（第74条）をいいます。

➢ **事件の周旋**

「周旋」とは事件の当事者と弁護士との間に介在し、両者間の委任関係その他の関係成立のための便宜を図り、その成立を容易にする行為をいいます。実際に委任関係その他の関係成立がなくとも本条違反となります。非弁行為を行う者から案件の依頼を受け、見返りとして紹介料を支払うケースが典型例です。

➢ **自己の名義の利用**

いわゆる「名義貸し」を指し、弁護士の印鑑を預けて押印させるような場合のほか、「弁護士○○」や「○○法律事務所」という表示を利用させることについても本条違反となります。

② 弁護士職務基本規程

（非弁護士との提携）

第十一条　弁護士は、弁護士法第七十二条から第七十四条までの規定に違反する者又はこれらの規定に違反すると疑うに足りる相当な理由のある者から依頼者の紹介を受け、これらの者を利用し、又はこれらの者に自己の名義を利用させてはならない。

解　説

弁護士法第27条と同様に、弁護士が非弁行為を行う者と提携することを禁止する規定です。しかし、その対象は実際に非弁行為をしている者にとどまらず、非弁行為をしている者であるとの疑いのある者もその範囲に含めています。また、「事件の周旋」にとどまらず、「依頼者の紹介」とされていることから、顧問契約先などの「人」の紹介も禁止されています。なお、「これらの者を利用し」とは非弁行為をする者やその疑いのある者を使って案件を収集し、また、案件の具体的な処理をすることをいいます。

（報酬分配の制限）

第十二条　弁護士は、その職務に関する報酬を弁護士又は弁護士法人でない者との間で分配してはならない。ただし、法令又は本会若しくは所属弁護士会の定める会則に別段の定めがある場合その他正当な理由がある場合は、この限りでない。

解　説

弁護士が非弁行為を行う者と提携することを禁止する結果として、非弁護士と弁護士報酬を分配することも禁止しています。ただし、正当な理由がある場合は対象から除かれています。「正当な理由」については、日本弁護士連合会弁護士倫理委員会の見解として、「隣接専門職との協働によるワンストップ・サービスの提供の場合においても、分配について正当な理由があるとされることがあり得る。」とし、「個別の案件について協働した場合（たとえば、相続事件につき、弁護士が遺産分割手続を、司法書士が相続登記を、税理士が相続税申告をそれぞれ分担処理したような場合）には、合理的な基準に基づく弁護士報酬の分配が可能であると考えられる。」とされています。したがって、相続業務についてワンストップ・サービスを行う場合に、協業した士業が自身の業務について個別に報酬額を算定し、依頼者に対してそれらの報酬額を一括して請求することは問題ないと考えられます。当然ながら、一括して収受した報酬は、個々の士業が算定した報酬額に応じて分配される必要があります。

（依頼者紹介の対価）

第十三条　弁護士は、依頼者の紹介を受けたことに対する謝礼その他の対価を支払ってはならない。

2　弁護士は、依頼者の紹介をしたことに対する謝礼その他の対価を受け取ってはならない。

解　説

弁護士が依頼者の紹介を受けたことによる紹介料を支払うこと、及び、依頼者の紹介をしたことによる紹介料を受け取ることを禁止しています。また、第２項における「紹介」には弁護士に対するものだけでなく、弁護士以外に対するものも含まれます。したがって、例えば弁護士が遺産整理業務を行う場合において、依頼者が、相続した不動産の売却を希望した際に不動産業者を紹介し、紹介した不動産業者から紹介料を受け取る行為は本条違反となります。また、相続業務の協業において、依頼者の紹介を受けた他士業に対して紹介料を支払い、また、依頼者を紹介した他士業から紹介料を受け取ることは、いずれも本条違反となります。

(3) 司法書士の協業に関する規定

① 司法書士法施行規則

(他人による業務取扱いの禁止)
第二十四条　司法書士は、他人をしてその業務を取り扱わせてはならない。

解　説

司法書士が、自ら業務を行わず、補助者などに任せきりにすること、またはいわゆる名義貸しを行うことを禁止しています。

(依頼誘致の禁止)
第二十六条　司法書士は、不当な手段によつて依頼を誘致するような行為をしてはならない。

解　説

司法書士が、不当な金品の提供や供応などにより、案件を不当に誘致することを禁止しています。

②　司法書士行為規範

（不当誘致等）

第12条　司法書士は、不当な方法によって事件の依頼を誘致し、又は事件を誘発してはならない。

2　司法書士は、依頼者の紹介を受けたことについて、いかなる名目によるかを問わず、その対価を支払ってはならない。

3　司法書士は、依頼者の紹介をしたことについて、いかなる名目によるかを問わず、その対価を受け取ってはならない。

解　説

司法書士が、紛争性のない案件にあえて紛争性を持たせることなどにより、案件を不当に誘致することを禁止しています。また、名義の如何によらず、司法書士が依頼者の紹介を受けたことによる紹介料を支払うこと、及び、依頼者の紹介をしたことによる紹介料を受け取ることを禁止しています。

（非司法書士との提携禁止等）

第13条　司法書士は、司法書士法その他の法令の規定に違反して業務を行う者と提携して業務を行ってはならず、またこれらの者から事件のあっせんを受けてはならない。

2　司法書士は、第三者に自己の名義で司法書士業務を行わせてはならない。

3　司法書士は、正当な事由がある場合を除き、その業務に関する報酬を司法書士又は司法書士法人でない者との間で分配してはならない。

解　説

司法書士が、非司行為を行う者はもちろん、非弁行為などを行う者と提携をすること及びそれらの者からあっせんを受けることを禁止しています。また、第三者に名義貸しを行うことを禁止しています。そして、司法書士が非司行為などを行う者と提携することを禁止する結果として、非司法書士と司法書士報酬を分配することも禁止しています。ただし、正当な理由がある場合は対象から除かれています。

(4)　行政書士の協業に関する規定

①　行政書士法施行規則

（他人による業務取扱の禁止）

第四条　行政書士は、その業務を他人に行わせてはならない。ただし、その使用人その他の従業者である行政書士（以下この条において「従業者である行政書士」という。）に行わせる場合又は依頼人の同意を得て、他の行政書士（従業者である行政書士を除く。）若しくは行政書士法人に行わせる場合は、この限りでない。

（業務の公正保持等）

第六条　行政書士は、その業務を行うに当つては、公正でなければならず、親切丁寧を旨としなければならない。

2　行政書士は、不正又は不当な手段で、依頼を誘致するような行為をしてはならない。

解　説

不正又は不当な手段とは、依頼者が不慣れであること又は知識がないことを悪用して、報酬を得るためにその依頼を誘致するなどの行為をいいます。ただし、事務所の所在地や業務内容などを通常考えられる宣伝方法により知らせることまでを禁止したものではありません。

②　日本行政書士会連合会会則

（名義貸等の禁止）

第61条　単位会の会員は、自ら業務を行わないで自己の名義を貸与し、その者をして業務を行わせてはならない。

2　単位会の会員は、法人等他の者の名において、業務を行ってはならない。ただし、次の各号に掲げる場合を除く。

一　行政書士法人の社員である会員が、その所属する行政書士法人の名において業務を行う場合

二　行政書士又は行政書士法人の使用人である会員が、雇用されている行政書士又は行政書士法人の名において業務を行う場合

③　行政書士倫理

（不当誘致等の禁止）
第７条　行政書士は、不正又は不当な手段で、依頼を誘致するような行為をしてはならない。

（名義貸しの禁止）
第８条　行政書士は、自ら業務を行わないで自己の名義を貸与し、その者をして業務を行わせてはならない。

(5)　税理士の協業に関する規定

①　税理士法

（非税理士に対する名義貸しの禁止）
第三十七条の二　税理士は、第五十二条又は第五十三条第一項から第三項までの規定に違反する者に自己の名義を利用させてはならない。

解　説

第52条又は第53条第１項から第３項までの規定に違反する者とは、税理士又は税理士法人でないのに税理士業務を行う者（第52条)、税理士又は税理士法人でないのにこれらに類似する名称を用いる者（第53条第１項・第２項)、税理士会及び日本税理士連合会でない団体でこれらに類似する名称を用いる団体（第53条第３項）をいいます。税理士が、これらの者に名義貸しを行うことを禁止しています。

②　日本税理士会連合会会則

（不当勧誘行為等の禁止）

第59条の２　税理士会の会員は、税理士の業務において、不当勧誘、不当広告、報酬額の不明示等その他相手方等の利益を害するおそれがある行為をしてはならない。

（非税理士との提携の禁止）

第61条　税理士及び税理士法人は、法第52条又は法第53条第１項若しくは第２項の規定に違反する者から業務のあっ旋を受けてはならない。

（名義貸しの禁止）

第61条の２　税理士及び税理士法人は、何人にも税理士又は税理士法人としての自己の名義を利用させてはならない。

解　説

税理士法第37条の２と同様に税理士及び税理士法人の名義貸しを禁止する規定です。ただし、「何人にも」として、その規制の対象を広げています。

(6) 土地家屋調査士の協業に関する規定

① 土地家屋調査士法施行規則

(他人による業務取扱いの禁止)

第二十二条　調査士は、他人をしてその業務を取り扱わせてはならない。

(依頼誘致の禁止)

第二十四条　調査士は、不当な手段によつて依頼を誘致するような行為をしてはならない。

② 土地家屋調査士倫理規程

(不当誘致行為の禁止)

第11条　調査士は、不当な手段により事件の依頼を誘致し、又は事件を誘発してはならない。

2　調査士は、依頼者の紹介をしたことについてその対価を受け取ってはならない。

3　調査士は、依頼者の紹介を受けたことについてその対価を支払ってはならない。

解　説

弁護士・司法書士と同様、土地家屋調査士が依頼者の紹介をしたことによる紹介料を受け取ること及び依頼者の紹介を受けたことによる紹介料を支払うことを禁止しています。

（非調査士との提携の禁止）

第13条　調査士は、調査士でない者にその名義を貸与し、又はその業務を取り扱わせ若しくはその者に協力、又は援助してはならない。

2　調査士は、調査士でない者から事件のあっせんを受けてはならない。

（他人による業務取扱いの禁止）

第14条　調査士は、他人をしてその業務を取り扱わせてはならない。

（他資格者との連携）

第15条　調査士は、他の士業資格者と連携して業務を行う場合は、調査士の使命にかんがみ、独立して業務を行うとともに、それぞれの士業資格者の役割を尊重しなければならない。

解　説

土地家屋調査士倫理規程には、他士業と協業することを前提としての規定も定められています。

7つ目の知恵

相続業務の協業の本質を知る

1　相続業務を依頼される税理士とは

相続業務の協業において、連携先として相続税務の依頼を受けるためには、当然ながら連携元の他士業との信頼関係が重要になります。そのためには、税理士として税務に精通し、適正に業務を処理することはもとより、一人のビジネスパーソンとして信頼される必要があります。協業する他士業の職域を理解し、その役割を尊重しあうことで、対等なパートナーとして長期的な信頼関係を築くことができます。具体的には、以下のようなことに配慮が必要でしょう。

・依頼を受けた業務について、こまめに進捗状況を共有する。処理が遅れている場合も現状を報告する。
・税務に関する質問について、質問されたことに答えるだけでなく、真の問題点を把握し、可能な限り問題解決の方法を提案する。
・メールや不在時の電話にはなるだけ早く対応する。
・ミスが発覚した場合はすぐに報告し、謝罪する。
・時間を守る。相手の時間をムダにしない。

いずれもビジネスパーソンとして当たり前に感じられることかもしれませんが、これらの積み重ねが信頼関係の構築につながっていくのではないでしょうか。

2　相続業務の協業の本質

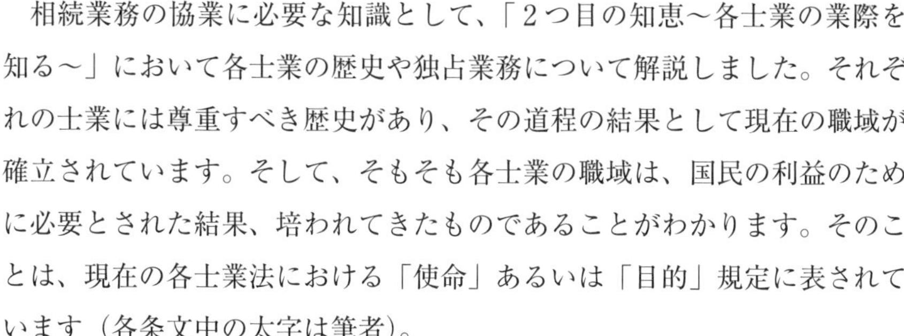

相続業務の協業に必要な知識として、「2つ目の知恵～各士業の業際を知る～」において各士業の歴史や独占業務について解説しました。それぞれの士業には尊重すべき歴史があり、その道程の結果として現在の職域が確立されています。そして、そもそも各士業の職域は、国民の利益のために必要とされた結果、培われてきたものであることがわかります。そのことは、現在の各士業法における「使命」あるいは「目的」規定に表されています（各条文中の太字は筆者）。

【弁護士法】

> **（弁護士の使命）**
> 第一条　弁護士は、**基本的人権を擁護し、社会正義を実現**することを使命とする。
> 2　弁護士は、前項の使命に基き、誠実にその職務を行い、**社会秩序の維持**及び**法律制度の改善**に努力しなければならない。

【司法書士法】

> **（司法書士の使命）**
> 第一条　司法書士は、この法律の定めるところによりその業務とする登記、供託、訴訟その他の法律事務の専門家として、**国民の権利を擁護**し、もつて**自由かつ公正な社会の形成に寄与**することを使命とする。

【行政書士法】

（目的）

第一条　この法律は、行政書士の制度を定め、その業務の適正を図ることにより、行政に関する手続の円滑な実施に寄与するとともに**国民の利便に資し**、もつて**国民の権利利益の実現に資する**ことを目的とする。

【税理士法】

（税理士の使命）

第一条　税理士は、税務に関する専門家として、独立した公正な立場において、申告納税制度の理念にそつて、**納税義務者の信頼にこたえ**、租税に関する法令に規定された**納税義務の適正な実現を図る**ことを使命とする。

【土地家屋調査士法】

（土地家屋調査士の使命）

第一条　土地家屋調査士（以下「調査士」という。）は、不動産の表示に関する登記及び土地の筆界（不動産登記法（平成十六年法律第百二十三号）第百二十三条第一号に規定する筆界をいう。第三条第一項第七号及び第二十五条第二項において同じ。）を明らかにする業務の専門家として、**不動産に関する権利の明確化に寄与**し、もつて**国民生活の安定と向上に資する**ことを使命とする。

相続業務は、生前の相続対策から相続後の手続きまで広範囲にわたり、当然ながら税理士だけでは対応することができません。私たちは士業であるが故に、各士業には独占業務があり、それぞれが分担して相続業務に対応することを当然のように受けとめられます。しかし、依頼者にそれは見えません。多くの依頼者にとって、「誰に何を相談すればよいかわからない」「そもそも何が問題なのかわからない」というのが現実でしょう。そして、「1つ目の知恵～税理士の相続業務アプローチを知る～」において述べたように、現在の日本では、高齢化率の上昇と死亡数の増加、増加する認知症高齢者、「争族（あらそうぞく）」の増加、「おひとりさま」の増加、相続税申告の一般化などを社会背景として、相続難民ともいえる国民が急増しています。したがって、今、相続業務において士業が連携し、生前にしかできない対策を講じることや、相続後の円滑な手続きを手助けすることは国民の要望にかない、国民の利益となります。そして、各士業法の「使命」あるいは「目的」規定を見てもわかるとおり、「国民の利益に資すること」は、それぞれの士業の歴史の中で培われてきた共通の理念といえるでしょう。そのように考えると、相続業務の協業において最も重要なことは、協業する各士業が「国民の利益に資する」という共通の理念を持ち、お互いがお互いを尊重し合いながら、法律専門家としての自らの役割を全うすることではないでしょうか。

〈著者略歴〉

藤原　由親（ふじわら　よしちか）

1971年 高知県高知市生まれ

1994年 横浜市立大学商学部卒業

2008年 税理士登録

2016年 税理士法人アクセスの代表社員に就任

税理士法人アクセス　代表社員

行政書士法人アクセス　代表社員

一般社団法人アクセス相続センター　代表理事

一般社団法人高知相続あんしんセンター　代表理事

一般社団法人「親なきあと」相談室　関西ネットワーク　代表理事

日本ダウン症協会大阪支部　監事

相続・事業承継専門の税理士

個人の相続税対策から社長の事業承継対策まで幅広い知識と経験を持ち、現在までの相続相談件数は2,000件を超える。

行政書士法人アクセス、一般社団法人アクセス相続センターも併設し、弁護士・司法書士・行政書士・土地家屋調査士との士業連携を行うことで、税務対策のみならず、様々な相続案件に対応している。その経験を活かし、近年は士業の枠にとらわれない相続コンサルタントの養成にも精力的に取り組んでいる。

また、自らの二女がダウン症であり、障がいのある子の「親なきあと」問題解決に向けて一般社団法人「親なきあと」相談室 関西ネットワークを設立。「親なきあと」セミナーの開催や個別相談を行っている。

税理士の相続業務を成功に導く　士業連携をめぐる７つの知恵

2023年７月７日　発行

著　者　藤原　由親 ©

発行者　小泉　定裕

発行所　株式会社 清文社

東京都文京区小石川１丁目３－25（小石川大国ビル）
〒112-0002　電話 03(4332)1375　FAX 03(4332)1376
大阪市北区天神橋２丁目北２－６（大和南森町ビル）
〒530-0041　電話 06(6135)4050　FAX 06(6135)4059
URL https://www.skattsei.co.jp/

印刷：亜細亜印刷㈱

■本書の内容に関するお問い合わせは編集部までFAX（06-6135-4056）又はメール（edit-w@skattsei.co.jp）でお願いします。

■本書の追録情報等は、当社ホームページ（https://www.skattsei.co.jp/）をご覧ください。

ISBN978-4-433-72453-5